Suizid...?

T0145649

T V Z

mit Beiträgen von

Ebo Aebischer

Alberto Bondolfi

Matthias Bopp

Dolores Angela Castelli Dransart

Matthias Grünewald

Felix Gutzwiller

Pierre-André Michaud

Konrad Michel

Erwin Murer

Maja Perret-Catipovic

Hans-Balz Peter

Hugues Poltier

Cosette Odier

Jacqueline Rutgers-Cardis

Hans Saner

Suizid...?

Aus dem Schatten eines Tabus

herausgegeben von

Hans-Balz Peter und Pascal Mösli

TVZ
Theologischer Verlag Zürich

Die Übersetzung der in französischer Sprache gehaltenen Referate von Hugues
Poltier, Maja Perret-Catipovic, Pierre-André Michaud, Cosette Odier,
Dolores Angela Castelli Dransart und Jacqueline Rutgers-Cardis besorgte
Elisabeth Mainberger-Ruh.

Umschlaggestaltung
  g : a gataric : ackermann
  www.g-a.ch

Satz
  Fotosatz Engelhardt oHG, D-Hallstadt

Druck
  ROSCH BUCH GmbH, Scheßlitz

ISBN 3-290-17259-7
© 2003 Theologischer Verlag Zürich
www.tvz-verlag.ch

INHALT

Hans-Balz Peter / Pascal Mösli

Einleitung

Wer mit einem Suizid konfrontiert ist, stösst an Grenzen. Man sieht sich einem Vorgang gegenüber, den man nicht versteht – und je näher man der Person ist, desto schwerer ist ihr Suizid zu verstehen. Bedrängender werden die Fragen, wenn man selbst irgendwie darin verwickelt ist, ob man selbst schon an einem solchen Abgrund gestanden hat oder nicht.

Man stösst an Grenzen, wenn man versucht, die Gründe zu *verstehen*, warum sich jemand zum Suizid entschieden hat. Die Beiträge in diesem Buch leuchten das Grenzland des Suizids aus verschiedenen Perspektiven aus. Sie sollen dazu ermutigen, das Grenzland zu betreten, sich mit «diesem Land» auseinander zu setzen – um sich darin vielleicht ein wenig besser zurechtzufinden.

Das Besondere an diesem Buch liegt in seinem interdisziplinären Ansatz. Das Bewusstsein für die Komplexität des Suizids ist in den letzten Jahren stark gewachsen und man weiss heute, dass sich der Suizid einem linearen, summarischen Verständnis entzieht. Diese Einsicht hat auf Anregung der Diakoniekonferenz das Institut für Sozialethik des Schweizerischen Evangelischen Kirchenbundes dazu bewogen, die verschiedenen Disziplinen und Verstehensweisen an einem Kongress zusammenzuführen und damit eine integrative Sichtweise zu fördern. Das Integrieren des in den verschiedenen Fachbereichen entwickelten Sachwissens mit dem ethischen Orientierungswissen gehört dabei zum Selbstverständnis, zur Aufgabe und Methode der praktischer Sozialethik. In der Suizidfrage zählen dazu insbesondere die Medizin und die Psychiatrie, die Psychologie, die Sozialarbeit und die Seelsorge, die Soziologie, das Recht und die politischen Wissenschaften, und schliesslich die Ethik in Philosophie und Theologie. Nur aus dem Zusammenwirken der verschiedenen Erfahrungen und Wissenszweige kann sich eine tiefere Einsicht in die Zusammenhänge um das Phänomen des Suizids und damit auch eine angemessene Haltung für Prävention und Nachsorge ergeben.

Im *ersten*, einführenden *Teil* des Buches werden zwei ganz unterschiedliche und zugleich sich ergänzende *Zugänge zum Verstehen des Suizids* angeboten. Der Beitrag von *Konrad Michel* «Was brauchen suizidale Menschen» geht davon aus, dass jeder Suizid (auch) als ganz persönliche Geschichte eines einzelnen Menschen verstanden werden muss. Voraussetzung für das Verstehen ist deshalb die Bereitschaft, sich möglichst nicht wertend in die Logik dieses Menschen einzufühlen. In ihrem Beitrag «Epidemiologie und Prävention des Suizids» stellen *Matthias Bopp* und *Felix Gutzwiller* die neuesten Ergebnisse aus der epidemiologischen Forschung zusammen und finden Faktoren und Zusammenhänge, die in verschiedenen Suizidhandlungen immer wieder auftauchen. Beides gehört zum Verstehen eines Menschen, der sich sein Leben genommen hat: die allgemeinen biologischen, psychischen und sozialen Faktoren wie auch die persönliche und damit nicht verallgemeinerbare Geschichte dieses Menschen.

Werden heute am ehesten die Psychiatrie und Psychologie für das Verstehen des Suizids beigezogen, so waren dies früher die Disziplinen der Philosophie und Theologie. Um die *Geschichte des Verstehens und der aktuellen Diskussion in der Ethik der Philosophie und Theologie* geht es im *zweiten Teil* des Buches. Darin werden die Fragen und Konzepte eines existentiellen Verstehens des Suizids diskutiert, die auch für die Modelle der Prävention (vgl. dazu den dritten Teil des Buches) im Hintergrund wirksam sind. Die Geschichte der Philosophie und Politik, der Theologie und Kirche lässt sich über weite Strecken als eine Geschichte des Nichtverstehenwollens des Suizids und seiner Bedingungen darstellen, als fortgesetzte Weigerung, sich überhaupt mit dem Leiden des Menschen auseinander zu setzen, der sich das Leben genommen hat. *Alberto Bondolfi* deutet in seinem Überblick «Ethische Wertungen des Suizids im Laufe der Geschichte» die Tradition des abendländischen Denkens als durchgängige Missbilligung des Suizids. Indem der Suizid sehr oft abgelehnt und abgewertet wurde und mit dieser Abwertung auch noch die gesellschaftliche Diskriminierung der Angehörigen einherging, wurde eine öffentliche Diskussion verunmöglicht. Wie die Kirchen den durch Suizid Verstorbenen kirchliche und damit öffentliche Bestattung verweigerten, so wurde der Suizid überhaupt von der Bühne gesellschaftlich anerkannter Themen verbannt und damit wurden auch die Menschen mit Suizidgedanken und Angehörige von Suizidopfern alleingelassen. *Matthias Grünewald* («Der Suizid im Spiegel von Bestattungsritualen») befasst sich mit den Gründen, die zu dieser Tabuisierung führten. Er zeigt auf, wie im Hintergrund der Bestattungsrituale archaische Abwehrriten wirkten, die sich als Ausdruck der Angst vor der Symbolkraft des Suizids und seinen religiös und gesellschaftlich destabilisierenden Wirkungen verstehen lassen.

Seit einigen Jahrzehnten und besonders in den letzten Jahren beginnt sich eine Veränderung der Wahrnehmung des Suizids durchzusetzen und in der öffentlichen Auseinandersetzung niederzuschlagen. Diese lässt sich in Verbindung sehen zu vereinzelten philosophischen und theologischen Ansätzen früherer Zeiten, die sich darum bemühten, die Not (und Freiheit) des Menschen in den Mittelpunkt zu rücken. Ausdruck dieses Um-denkens sind in diesem Band die philosophisch-ethischen Beiträge der Philosophen Hans Saner und Hugues Poltier sowie des Sozialethikers Hans-Balz Peter. Es geht in ihnen um die Verhältnisbestimmung zwischen der Freiheit des einzelnen Menschen und der Verantwortung bzw. Ver-bundenheit der Menschen im sozialen Zusammenleben. Dabei kommen die Autoren zu verschiedenen Ergebnissen: Während *Hans Saner* in sei-nem Beitrag «Gibt es eine Freiheit zum Tode?» vom Individuum her denkt und von hier aus das Recht auf Selbsttötung für ein Grundrecht der Freiheit hält, geht *Hugues Poltier* («Kollektive Verantwortung aus ethi-scher Sicht») davon aus, dass sich der Mensch immer schon in Beziehung zu anderen Menschen vorfindet und man den Suizid als Ausdruck einer Beziehungspathologie verstehen muss. *Hans-Balz Peter* verbindet in sei-nem Beitrag «Suizid: die ethische Dimension in philosophischer und the-ologischer Tradition» die individuelle und die Beziehungsdimension und versteht den Suizid als ein Ereignis in einem unauflöslichen Spannungs-feld; die sozialethische Erörterung dient dazu, Orientierungspunkte zu formulieren, die ein selbständiges Urteilen der verschiedenen Akteure und Berufe in konkreten Handlungssituationen in diesem Spannungsfeld erleichtern.

Auch die Rechtsbestimmungen im Bereich der Schweizerischen Sozial-versicherungen lassen sich verstehen als Versuch, die individuelle und kol-lektive Verantwortung im rechtlichen Bereich festzuhalten. Im Aufsatz von *Erwin Murer* «Juristische Aspekte und Konsequenzen eines Suizids im Bereich der Sozialversicherungen» wird die Schweizerische Rechtslage in diesem Bereich erstmals umfassend dargestellt.

Im *dritten Teil* werden verschiedene aktuelle Ansätze zur *Suizidpräven-tion* dargestellt, in denen die neueren Verstehensansätze zur Anwendung kommen. Maja Perret-Catipovic und Pierre-André Michaud, die sich seit Jahren mit der Suizidprävention bei Jugendlichen beschäftigen, machen deutlich, dass es für eine wirkungsvolle Prävention grundlegend wichtig ist, zwischen den Personen im näheren Umfeld des suizidgefährdeten Menschen, aber auch zwischen Personen aus verschiedenen Milieus und zwischen verschiedenen Disziplinen tragfähige Verbindungen zu schaf-fen. *Maja Perret-Catipovic* («Suizid im Jugendalter: Zugang zu jungen Menschen, die jede Hilfe ablehnen») schildert die Entstehungsgeschichte und Tätigkeit des «Centre d'Etude et de Prévention du Suicide» in Genf, dessen Ziel heute hauptsächlich darin besteht, Menschen zu vernetzen. Dies ist ihrer Meinung nach das entscheidende Vorgehen, um Jugendli-chen zu helfen. In eine ähnliche Richtung zielt *Pierre-André Michaud* («Suizidalität im Jugendalter: eine Herausforderung für Gesellschaft und Gesundheitswesen»), der für die Suizidprävention bei Jugendlichen die

Wichtigkeit von niederschwelligen Zugangs- und Kontaktmöglichkeiten hervorhebt. Darum ist die Suizidprävention seiner Meinung nach Aufgabe nicht nur von Professionellen, sondern von uns allen. Einen weiteren Faktor, der im Kontext der Suizidprävention manchmal vergessen geht und doch überaus wichtig ist, zeigt *Cosette Odier* («Leidensdruck und Suizid: Begleitung Chronischkranker») auf: Sie berichtet von ihren beruflichen und persönlichen Erfahrungen der Begleitung chronischkranker Menschen und macht dabei deutlich, wie wichtig es ist, deren Schmerzen ernst zu nehmen und sie medizinisch zu behandeln, damit für diese Menschen wieder Möglichkeiten entstehen können, ihrem Leben einen Sinn zu geben.

Der *vierte* und letzte *Teil* des Buches gilt der sog. *Nachsorge*. In den letzten Jahren ist neben der Prävention im ursprünglichen Sinn die Bedeutung der Begleitung der Angehörigen wie auch weiterer Bezugspersonen und Helfer/innen nach einem Suizid ins Bewusstsein gerückt. Mit der Beobachtung, dass auf Grund der Wirkung eines Suizids auf das unmittelbare soziale Umfeld die von einem Suizid Betroffenen eine Risikogruppe darstellen, begründet *Dolores Angeli Castelli* die Wichtigkeit der Nachsorge («Nachsorge nach einem Suizid: Unterstützung des engeren und weiteren sozialen Umfelds nach einen Suizid»). *Ebo Aebischer*, der seit Jahren im kirchlichen Bereich und in der Internetseelsorge als Kontaktperson und Begleiter von Suizidgefährdeten und ihren Angehörigen tätig ist, trägt in seinem Beitrag «Nachsorge – die sofortige und langfristige Unterstützung des Umfelds» die einzelnen Etappen der Nachsorge zusammen. *Jacqueline Rutgers* («Nachsorge – drei Modalitäten der Verarbeitung eines Suizidtraumas in Gruppen») schliesslich stellt vertieft einige besondere Methoden vor, darunter die der Kunsttherapie-Ateliers.

Wenn heute eine starke und zielgruppengerichtete Prävention von vielen Seiten gefordert und gefördert wird, ist das ein Zeichen für den Bewusstseinprozess, der den Suizid aus seiner tabubehafteten Verdrängung ansatzweise befreit hat. Der Ruf nach Prävention ist Ausdruck dafür, dass die gesellschaftliche Ächtung oder Tabuisierung des Suizids jedenfalls in fachlichen Kreisen überholt ist. Ähnlich wie etwa in der Aids-Frage weiss man heute, dass die gesellschaftliche Tabuisierung fatale Folgen hat, weil damit das Problem ja nicht einfach verschwindet, sondern im Dunkel von Vermutungen und Vorurteilen bei Betroffenen und Angehörigen Verwüstungen anrichten kann.

Durch die heute spürbare Tendenz zur Enttabuisierung, zum Gespräch in Schulen, zum differenzierteren Umgang in den Medien wird die eingangs erwähnte Grenze nicht aufgehoben, weil sie gar nicht aufgehoben werden *kann*. Sie gehört wesensmässig zum Suizid und sie ist nicht nur eine Grenze unseres Verstehens, sondern sie begrenzt unsere Macht, unsere Verfügungsgewalt und die Wirkung unseres Wissens und unserer Fähigkeiten. So bedeutet Grenzarbeit im Kontext von Suizid auch das Wahrnehmen und Akzeptieren der Grenzen, die uns immer wieder gesetzt sind. Ein Akzeptieren, das nicht Ausdruck von Resignation oder Fatalismus ist, sondern im Bewusstsein gründet, dass die Vorläufigkeit und das Unfertige unser Menschsein mit ausmachen. Auch *unser* Umgang mit Suizid lässt sich deuten als Ausdruck des Umgangs mit den Grenzen, die uns gesetzt sind, der Begrenztheit unserer Möglichkeiten und unseres Lebens überhaupt.

Das Verstehen des Suizids zu differenzieren und zu vertiefen, indem das Gespräch über alle Grenzen hinweg gesucht und gefunden wird – dazu will dieses Buch einen Beitrag leisten. Es will das Verstehen in diesem Grenzland fördern in Bezug auf den Suizid sowohl als persönliches Geschehen wie auch als gesellschaftliches Phänomen. Die weitere Enttabuisierung der Suizid-Problematik scheint dringend. Die Suizidhandlungen sind aus ihrer Isolierung als Einzelfall herauszuführen, damit das Problem auch als sozialethisches und letztlich politisches anerkannt wird. Denn ihm muss sich gerade die Politik verstärkt öffnen, um für die weitere vertiefte Forschung, für Prävention und Nachsorge die erforderlichen Mittel bereit zu stellen.

Zum Schluss noch ein Wort des Dankes: Marlène Messerli, Michael Dähler und Ebo Aebischer waren zusammen mit den Herausgebern Teilnehmer der Projektgruppe, welche den Suizidkongress in Bern vorbereitet hat, dessen Referatstexte in diesem Buch versammelt sind. Sie waren somit massgeblich am Entstehen dieses Buchs mitbeteiligt.

Konrad Michel

WAS BRAUCHEN SUIZIDALE MENSCHEN?

Ich wurde angefragt ein Referat zu verfassen als jemand, der sich über viele Jahre mit der Erforschung suizidalen Verhaltens und mit Suizidverhütung befasst hat, der also Experte ist für diese Fragen. Nun bin ich hier als Vater, der seinen Sohn am 24. November 2001 durch Suizid verloren hat.

Es kann alle treffen.

Ich weiss aus Therapien mit Menschen, die einen Angehörigen durch Suizid verloren haben, genügend um die grosse Not von Angehörigen – viele von ihnen sind über Jahre kaputt, vielleicht für immer. In den USA geht man davon aus, das bei jedem Suizid im Durchschnitt sechs nahe Angehörige betroffen sind. Diese Leute nennen sich «suicide survivors». Plötzlich geschieht die Katastrophe in der eigenen Familie, und man muss versuchen weiterzuleben, auch wenn man sich das vorher nicht vorstellen konnte. Auch ich bin also ein suicide survivor.

Erschreckend sind für mich auch die vielen Geschichten junger Männer, die sich in den letzten Monaten in unserem weiteren Umkreis das Leben genommen haben. Die Angehörigen sagen entweder: «Niemand hätte so etwas erwartet», oder: «Wir sahen es kommen, aber wir waren machtlos». Ganz offensichtlich behalten suizidale Menschen ganz vieles von dem, was in ihrem Kopf vorgeht, für sich. Suizidgedanken sind oft etwas ganz Privates, Geheimes.

Was soll das alles?

Noch nie habe ich so klar wie jetzt realisiert, wie wenig wir wissen, wenn es um einen Tod durch Suizid geht.

Natürlich, es gibt zum Suizid eine Menge gescheiter Theorien, aber keine einzige von ihnen genügt, um eine auch nur halbwegs befriedigende Erklärung zu liefern, warum sich Menschen das Leben nehmen, und keine Theorie allein bildet eine wirklich brauchbare Grundlage für echte Suizidverhütung.

Ich möchte Ihnen daher lieber etwas über meine persönlichen Erfahrungen und Einsichten berichten, die ich im Lauf der Jahre als Psychiater gemacht und gewonnen habe.

Mein Interesse an der Suizidforschung begann, nachdem sich in meiner Assistentenzeit in England eine meiner Patientinnen, Mutter von zwei Kindern, vor dem Spital unter einen Lastwagen geworfen hatte. Ich glaubte damals daran, dass Ärzte einen Suizid verhindern können, wenn sie die Warnzeichen erkennen und richtig einschätzen würden.

Ich schrieb später einen Artikel für das Tages-Anzeiger Magazin[1]. Der Titel lautete: «Suizid muss nicht sein.» Auf diesen Artikel reagierte der Schriftsteller August E. Hohler mit einem Leserbrief[2], aus dem ich zitiere: «... Die Sinnfrage kommt bei Konrad Michel nicht vor. Ihre positive Beantwortung wird offenbar vorausgesetzt: Der Mensch hat zu leben, hat zu funktionieren. Seine eventuelle Verzweiflung ist ein vorübergehender, behebbarer Irrtum. Selbsttötung als Versehen, Überreaktion, Kurzschluss, Panne. Der Mensch eine Maschine, die Medizin eine Reparaturwerkstätte, wie gehabt. Das ist obszön. Ich höre aus weiter Ferne das Gelächter von Jean Améry, der über Menschen und ihre Abgründe so entsetzlich genau Bescheid wusste.»

Ich war verwirrt. Was konnte denn falsch daran sein, Menschen vom Suizid abhalten zu wollen? Ja, natürlich, ich kannte das Buch von Jean Améry («Hand an sich legen»), in dem klar und deutlich steht: «Der Freitod ist das heilige Recht des Menschen, und niemand hat das Recht, einen Menschen davon abzuhalten.»

Nun, ich bin Arzt und nicht Philosoph. Ich will mich daher hier nicht in ethischen Überlegungen verlieren, dafür aber dem Zitat von Améry ein Zitat von G. B. Shaw entgegenhalten. Ich habe es in einer Gruppenarbeit von Schülern über Suizid gefunden, die es ihrer Arbeit voranstellten:

«Das grösste Übel,
das wir unseren Mitmenschen antun können,
ist nicht, sie zu hassen
sondern ihnen gegenüber gleichgültig zu sein.
Das ist die absolute Unmenschlichkeit.»

Was soll nun gelten?

Was soll nun gelten? Suizid als etwas, das uns alle (und vielleicht Ärzte besonders) angeht? Oder Suizid als Freiheit des Menschen, die wir zu respektieren haben?

Wir sollten uns also fragen: Woher nehmen wir (Ärzte und andere) das Recht, einen Menschen vom Suizid abzuhalten?

---

1 Tages Anzeiger Magazin, 1988, Nummer 4
2 Tages Anzeiger Magazin, 1988, Nummer 8

Dazu möchte ich einige Fakten aus der medizinischen Forschung anführen:
- Mehr als 90 % der Menschen, die wegen Suizidversuchen behandelt werden, sind auch Jahre später froh, am Leben zu sein.
- Angebote für Unterstützung in Krisen reduzieren die Suizidhäufigkeit (z.b. Angebote regelmässiger Kontaktaufnahme).
- Weniger sensationelle Medienberichterstattung über Suizide führt zu einem Rückgang der Suizidhäufigkeit. (v.a. bei Jugendlichen).
- Mehr als 90 % der Menschen, welche Suizid begehen, haben zur Zeit der Tat eine – behandelbare – psychiatrische Diagnose.
- Diese Diagnosen sind zwar meist Folge von Belastungen im Leben eines Menschen, bedeuten aber aktuell eine krankhafte Veränderung der psychischen Gesundheit und der Gehirnfunktion (z.B. Depressionen).
- Gezielter Unterricht für Hausärzte im Erkennen und Behandeln von Depressionen hat einen Rückgang der Suizidrate zur Folge (vgl. die Resultate aus der Gotland-Studie).

Lassen Sie mich kurz bei der Gotland-Studie[3] verweilen. In dieser Studie wurden während zwei Semestern den Hausärzten Seminare zum Erkennen und Behandeln von Depressionen angeboten. Da man Bedenken hatte, dass Hausärzte das Suizidrisiko unterschätzen könnten, wenn sie Depressionen vermehrt selber behandeln, verfolgte man genau die Entwicklung der Suizidraten und anderer Parameter. Folgendes wurde dabei gefunden:
- Es wurden mehr Antidepressiva verschrieben (also mehr Depressionen erkannt).
- Es wurden weniger Benzodiazepine (angstlösende und beruhigende Medikamente) verschrieben (also weniger blosse Symptombehandlung betrieben).
- Es gab wesentlich weniger Hospitalisationen wegen Depressionen (die Patienten wurden also früher behandelt).
Und: Es gab signifikant weniger Suizide.

Bei der genauen Analyse der Suizidraten fand sich allerdings, dass der Rückgang der Suizidrate vorwiegend auf die Reduktion der Suizidhandlungen bei den Frauen zurückzuführen war. Dr. Rutz, der Hauptautor der Studie, kommentierte mir gegenüber diesen Tatbestand mit folgenden Worten: «Wer mir sagen kann, wie man Männer dazu bringt, Hilfe zu suchen, bekommt den Nobelpreis».

---

3 W. Rutz, u. a., Frequency of suicide on Gotland, 1989, 80.151-154

Wir wissen natürlich seit langem, dass es im Umgang mit suizidalen Menschen ein grosses Kommunikationsproblem gibt, besonders bei Männern.

Eine finnische Studie[4] fand, dass in der letzten ärztlichen Konsultation vor einem Suizid das Thema nur in 22 % der Fälle angesprochen wurde (in 39 % bei den Psychiatern, 11 % bei Hausärzten und 6 % bei andern Spezialärzten). Trotzdem wissen wir, dass vor einem Suizid bei vielen Patienten die Zahl der Arztkonsultationen zunimmt. Die Leute suchen also im Vorfeld der suizidalen Krise vermehrt Hilfe, sagen aber häufig nichts von ihren Suizidgedanken.

Was läuft hier schief? Bei Befragungen berichten Patienten sehr oft, dass sie vor einem Suizidversuch keine Hilfe hätten annehmen können oder dass sie gar nicht daran dachten, dass überhaupt jemand hätte helfen können. Hinzu kommt, dass Patienten sich vom Arzt oft nicht verstanden fühlen, Angst haben, nicht ernst genommen zu werden oder befürchten, in eine Klinik eingewiesen zu werden. Am meisten Gewicht hat jedoch wohl die Tatsache, dass Menschen, die an Suizid denken, sich deswegen nicht (psychisch) krank fühlen, weil sie diese Gedanken als einen Teil von sich betrachten.

Aus vielen Gesprächen mit suizidalen Menschen habe ich gelernt:
– Suizidale Menschen brauchen Menschen, die verstehen, dass es keine einfache Erklärung für eine Suizidhandlung gibt.
– Suizidale Menschen brauchen Menschen, die verstehen, dass jede suizidale Entwicklung etwas ganz Persönliches und Privates ist.
– Suizidale Menschen brauchen Menschen, die verstehen, dass es für Aussenstehende ganz schwierig ist, einen Zugang zu diesem innersten Bereich zu finden.

Das Problem in der ärztlichen Suizidprävention besteht darin, dass das traditionelle medizinische Modell eine schlechte Grundlage für ein hilfreiches Gespräch mit suizidalen Menschen ist. In einem Gespräch, in dem der Arzt der Experte ist, der für sich in Anspruch nimmt, dass nur er die Suizidalität seines Patienten erklären kann, und der dabei einem eindimensionalen kausalen Denken verhaftet ist, wird der Patient nicht erzählen, was alles in ihm vorgeht und welche Geschichte dahinter steckt. Man sollte daher auch nicht fragen: «*Warum wollten Sie das tun?*» Viel hilfreicher sind offene Fragen: «Können Sie mir das erklären? Ich will mit Ihnen zusammen zu verstehen suchen.»

---

4 E.T. Isometsä et al., The last appointment before suicide, 1995

In der Psychotherapie nennt man diese Vorgehensweise den narrativen Zugang. Dabei wird vorausgesetzt: Jeder Mensch hat seine Geschichte. Jeder Mensch ist Experte seiner eigenen Geschichte und niemand anderes kann diese Expertenrolle einnehmen. So kann der Patient meist eine (seine) differenzierte Geschichte erzählen, welche hinter einem Suizidversuch steht – wenn man ihn nur dazu ermutigt und bereit ist zuzuhören. In der Psychotherapie wird dadurch der Therapeut zum Co-Autor der Geschichte. Für die Arzt-Patienten Beziehung heisst dies: Der Arzt hat zwar sein wichtiges Fachwissen, er muss z.b. Symptome erkennen und Diagnosen stellen können, aber er muss gleichzeitig wissen, dass nur der Patient selber ihm erklären kann, was in ihm vorgeht und was der suizidalen Krise vorangegangen ist.

Unser Leben besteht aus Projekten und Handlungen, welche zielorientiert sind. Diese entstehen zuerst als flüchtige Vorstellungen, dann etwas konkreter als Pläne in unserem Kopf, sie entstehen im Kontext unserer Lebensgeschichte. So kann auch der Suizid als Option irgend einmal in der Biographie eines Menschen entstehen, besonders dann, wenn andere wichtige Ziele und Bedürfnisse (Beziehungen, Arbeit, Selbstwertgefühl) bedroht sind. Sehr oft handelt es sich um wiederholte Enttäuschungen und Verletzungen, welche mit unserem Selbstbildnis nicht vereinbar sind.

Diese Gedanken werden sehr leicht zu etwas ganz Privatem, das man sich nicht nehmen lassen will.

Im Rahmen einer Nationalfonds-Studie[5] führten wir in Bern 40 Interviews mit Patienten kurz nach einem Suizidversuch durch. Wir schauten anschliessend mit den Patienten das auf Video aufgenommene Gespräch an (Video-Selbstkonfrontation). In diesen Gesprächen wurde deutlich, dass Menschen ihre Handlungen erklären können – wenn sie nur den richtigen Zuhörer haben, das heisst, der Zuhörer ihnen zutraut, dass sie absolut in der Lage sind, sich für den Zuhörer plausibel zu erklären («Ich möchte gerne, dass Sie mir erzählen, wie es dazu gekommen ist, dass Sie sich das Leben nehmen wollten»). Hinter jedem Suizid steckt also eine Geschichte, die mit Erfahrungen, Einstellungen, letztlich mit der Lebensgeschichte der betreffenden Person zu tun hat – eine Geschichte mit einer inneren Logik, die der Aussenstehende nur versteht, wenn der Besitzer dieser Geschichte ihn einlädt, daran teilzuhaben. Allzu leicht haben wir als Aussenstehende einfache – kausale – Erklärungen zur Hand (Sie brauchen nur die Schlagzeilen in unserer Boulevardzeitung zu lesen: «Schlechte Note in der Schule – 14-Jähriger erhängte sich»).

---

5 K. Michel u.a., Suicide as goal-directed action, 2001 und K. Stadler, Der Einfluss der therapeutischen Haltung, 2001

Es ist wichtig, die Angebote einer Therapie nach den Bedürfnissen suizidaler Menschen auszurichten. Die Resultate der Therapiestudien sind nämlich bis jetzt enttäuschend – es gibt praktisch keine Studien, die zeigen können, dass die Nachbehandlung von Menschen, die einen Suizidversuch unternommen haben, das Risiko von weiteren Suizidversuchen oder eines Suizids tatsächlich reduziert. Dies ist insofern wichtig, als statistisch gesehen bei diesen Menschen ein rund dreissigmal erhöhtes Risiko besteht, Suizid zu begehen.

Indem wir zuhören, erzählen uns Menschen, was in der suizidalen Krise in ihnen vorgeht: «Mein Schmerz, meine Gedanken waren derart unerträglich, ich sah keinen andern Weg mehr.» Bei vielen herrscht in solchen Momenten das Gefühl vor, nichts wert zu sein, schlecht zu sein, keine Berechtigung zu haben, auf dieser Welt zu sein. Diese Ablehnung des Selbst, die Flucht vor dem Selbst führt zu einem schlimmen seelischen Schmerz (in den USA spricht man von «mental pain» oder «psychache»). Dieser Zustand ist derart traumatisierend, dass viele Leute in einen sogenannten dissoziativen Zustand geraten, einen Zustand, in dem die Einheit des Selbst verloren geht, eine innere Leere entsteht, das Köpergefühl verloren geht, keine körperlichen Schmerzen mehr spürbar sind; sie geraten in einen psychischen Ausnahmezustand.

In diesem Zusammenhang ist es wichtig, dass wir uns bewusst sind, dass alles Psychologische auch biologisch ist. In den eben beschriebenen Momenten ist die Funktion des Gehirns gestört. Durch die verloren gegangene Einheit von Emotionen und Intellekt ist der Mensch nicht mehr in der Lage, bedrohliche Lebenssituationen angemessen zu bewältigen. Wir wissen heute, dass die rechte Hirnhälfte («das emotionale Gehirn») in diesen Ausnahmezuständen wie ausgeschaltet, und die Funktion von Hirnzentren, welche die Stress- und Alarmsituationen steuern, schwer gestört ist.

Unser Gehirn ist leider sehr wirkungsvoll im Speichern von akuten bedrohlichen (körperlichen und seelischen) Situationen. Die Muster von suizidalen Krisen und dabei entstandene Suizidpläne werden gespeichert. Sie können in Krisen jederzeit in ihrer vollen Ausarbeitung und Kraft wieder auftauchen. Ein Forscher machte kürzlich den Vergleich mit «footsteps in the snow», also Fussstapfen im Schnee, die man nicht mehr zurücknehmen kann. Was oft gerade Angehörige nur schwer verstehen können, ist, dass Menschen, die Suizidpläne haben, ein scheinbar völlig normales Leben führen können, manchmal bis zum selbstgewählten Tod. Sogar wenn ein Mensch schon sehr nahe am Suizid ist, kann er daneben weitgehend unauffällig funktionieren. Er kann einerseits lebensorientierte Ziele, anderseits das «Projekt» Suizid als Lösung einer unerträglich empfundenen Situation verfolgen.

Was also brauchen suizidale Menschen?

Suizidgedanken kann man einem Menschen nicht einfach ausreden. Wenn er sich aber jemandem ohne Angst anvertrauen kann, ist dies wahrscheinlich das Wichtigste, was geschehen kann. Wir alle haben direkt oder indirekt einen Einfluss auf den Lebensweg anderer. So ist das Leben. Um die inneren Prozesse eines suizidgefährdeten Menschen zu beschreiben, wähle ich gerne das Bild des Skispringers: Der Weg bis oben auf die Sprungschanze ist meist lang. Auf dem Anreiseweg und dem Weg nach oben zum Absprungpunkt gibt es viele Einflussbereiche: Nähere und entferntere Mitmenschen, Fachpersonen (Therapeuten), aber auch die Medien, Literatur, etc. beeinflussen unsere Einstellungen dem Leben gegenüber. Entwicklungen zu Handlungen sind sozial gemeinsam. Niemand lebt im völligen Vakuum. Der Skispringer kann unterwegs beschliessen, wieder hinunterzusteigen und einen anderen Weg zu wählen. So auch der suizidale Mensch. Er wird seinen Entschluss aber nur ändern, wenn er vom Gegenüber ernst genommen wird.

Suizidale Menschen brauchen also Menschen, die bereit sind, sich ohne Angst in ihre Logik einzufühlen, sie möglichst nicht wertend zu begleiten. Es ist nicht die Depression, welche die Suizidhandlung begeht, sondern der Mensch selber, der die Depression «hat». Und nur dieser Mensch selber kennt seine Geheimnisse. Mir gefällt daher das Bild des Therapeuten als Autostopper, der sich vom Patienten eine Zeitlang mitnehmen lässt besser, als dasjenige des allwissenden (und Symptome sammelnden) Arztes.

Suizidale Menschen brauchen Menschen, die interessiert sind, sie und ihr Erleben zu verstehen. Sie brauchen Menschen, die verstehen wollen, warum Suizid tatsächlich eine Option sein kann – auch wenn sich in unserem Inneren alles dagegen sträubt. Schon rein dadurch, dass wir einen suizidalen Menschen einladen, seine in sich logische Geschichte, die zur Suizidhandlung gehört, zu erzählen – schon dadurch übernimmt dieser das Steuer in seinem Leben wieder mehr selber. Der Zuhörer wird damit für eine kurze Zeit zum Co-Autor der Geschichte dieses Mitmenschen, und hilft so, Suizid als Krise zu relativieren. Nach einer suizidalen Krise gibt es immer wieder lebensorientierte Ziele.

Suizidale Menschen brauchen aber auch Menschen, die bereit sind zu handeln, wenn die Kommunikation nicht möglich ist. Depressionen und fast alle psychischen Störungen sind mit einem hohen Suizidrisiko verbunden und müssen erkannt und behandelt werden. Daher braucht es auch den Arzt als Fachperson, welcher aufgrund seiner Kenntnissen und Erfahrungen den Stellenwert psychischer Störungen erkennen und Risikofaktoren einschätzen kann. Der bereit ist, Verantwortung zu übernehmen und wenn nötig eine Einweisung in eine Klinik gegen den Willen des Patienten zu veranlassen. Betroffene und Angehörige sollen in diesem Sinn auch auf den Arzt zählen können. Es gibt Situationen, in denen wir das Steuer übernehmen müssen.

Zu wissen wann, ist die grosse Kunst.

Bibliographie

Améry, J.: Hand an sich legen, Diskurs über den Freitod, Stuttgart 1976

Hohler, A. E: Selbsttötung als Panne... Leserbrief, Tages Anzeiger Magazin Nr. 8, 1988

Isometsä, E. T. u. a.: The last appointment before suicide: Is suicide intent communicated? American Journal of Psychiatry, 152, 919-92, 1995

Michel, K.: Suizid muss nicht sein, Tages Anzeiger Magazin Nr. 4, 1988

Michel, K. u. a.: Suicide as goal-directed action, in: Heeringen, Ed. K. van (Hg.), Understanding suicidal behaviour: The suicidal process approach to research and treatment, Chichester, Wiley & Sons, 2001

Rutz, W. u. a.: Frequency of suicide on Gotland after systematic postgraduate education of general practitioners, Acta Psychiatrica Scandinavica, 1989

Stadler, K.: Der Einfluss der therapeutischen Haltung auf die Qualität der Arzt-Patientenbeziehung im Gespräch mit suizidalen Patienten, Dissertation, Universität Bern 2001

Matthias Bopp / Felix Gutzwiller

Epidemiologie und Prävention des Suizids

Einleitung

Der Suizid und seine gesellschaftlichen Hintergründe haben die Sozialwissenschaften seit jeher stark beschäftigt. Viele der von Durkheim im 19.
Jahrhundert formulierten grundlegenden Theorien sind heute noch anerkannt (Stichworte: soziale und gesellschaftliche Umbrüche, Wertezerfall,
Normlosigkeit, Atomisierung, Auflösung starker religiöser Bindungen).

In der Folge befassen wir uns weniger mit den gesamtgesellschaftlichen
Einflussfaktoren und soziologischen Theorien als mit den epidemiologischen Erkenntnissen und den Aufgaben der Suizid-Prävention. So weit
wie möglich soll dabei die Situation in der Schweiz in einen grösseren,
internationalen Rahmen eingebettet dargestellt werden.

Die *Bedeutung für das öffentliche Gesundheitswesen* ergibt sich durch
verschiedene Faktoren:
– Viele vorzeitig (d.h. zwischen dem 2. und 70. Lebensjahr) verlorene Lebensjahre – 14 % aller vorzeitig verlorenen Lebensjahre bei den Männern und 8 % bei den Frauen – sind dem Suizid anzulasten. Der Suizid
gehört in der Schweiz bei den 15–54-Jährigen andauernd zu den wichtigsten Todesursachen, bei den 15–40-Jährigen ist er heute – nach dem
Rückgang der Sterbefälle im Strassenverkehr und infolge von Aids –
sogar die häufigste Todesursache.
– Suizid kann als zumindest teilweise vermeidbare/verhinderbare Todesursache gelten. Da die Schweiz traditionell eine hohe Suizidhäufigkeit
verzeichnet, ergibt sich dadurch ein entsprechendes Präventionspotential. Die Schwierigkeit präventiven Eingreifens und des Erkennens sui-
zidgefährdeter Personen stellt für das Gesundheitswesen eine besondere Herausforderung dar.
– Suizide haben häufig bedeutende psychosoziale Auswirkungen für Personen aus dem Umfeld des Suizidenten.
– Auf jeden Suizid kommen 10-15 Suizidversuche. Damit kämen wir für
die Schweiz auf rund 15-25'000 Suizidversuche pro Jahr. Die jährliche
Zahl der Personen, die wegen Suizidversuchs oder parasuizidalen
Handlungen in ärztlicher Behandlung stehen, wird aber bloss auf 5–
10'000 geschätzt[1]. Ein ansehnlicher Teil der Suizidversuche führt dem-
zufolge nicht zu einer angemessenen ärztlichen Betreuung.

Definition

Es ist zu unterscheiden zwischen:
– dem *Suizid* als der vorsätzlichen Vernichtung des eigenen Lebens durch eine gegen sich selbst gerichtete Handlung oder bewusste Unterlassung lebensrettender Massnahmen und
– dem *Suizidversuch* als einer selbstschädigenden Handlung, die nicht zum Tode führt und diesen oft auch nicht beabsichtigt hat. So weiss man, dass 85-90% der Personen, die einen Suizidversuch unternehmen, in ihrem weiteren Leben keinen Suizid begehen werden[2].

In der Regel lassen sich Suizidhandlungen nicht eindimensional fassen, weder im Hinblick auf ihre Vorgeschichten noch im Hinblick auf ihre Konsequenzen. Entsprechend vielfältig sind die Möglichkeiten, Suizid zu betrachten[3]:
– als suizidales Verhalten: neben Suizid auch Suizidversuch und Suizid-phantasien;
– als selbstschädigendes, autoaggressives Verhalten: z.b. Selbstverstümmelung, Suchtverhalten;
– als gewaltsames, aggressives Verhalten: z.b. Mord, Misshandlung;
– als sozial abweichendes Verhalten: z.b. Sucht, Delinquenz;
– als Rückzugs-/ Bewältigungsverhalten;
– als pathologisches Verhalten.

Epidemiologie

Das Grundprinzip der Epidemiologie lautet «messen und vergleichen». Durch die Aggregation von Einzelschicksalen in «kalte» Zahlenreihen sollen Gesetzmässigkeiten und Risikofaktoren abgeleitet werden.

Nach einem Anstieg in den 60er und 70er Jahren betrug die jährliche Zahl der Suizide in der Schweiz in den 80er Jahren über 1500, im Durchschnitt also über 4 pro Tag (Tab. 1). In den 90er Jahren ist diese Zahl leicht zurückgegangen und lag 1999 (dem jüngsten im Moment verfügbaren Jahrgang der Todesursachenstatistik) erstmals seit 1973 wieder unter 1300. Ein Teil dieses Rückgangs scheint auf einen Wechsel in der Klassifikation der Todesursachen zurückzugehen (vgl. unten).

---

1 T. Spuhler u.a., 1993, 337
2 R. Maris, Overview ot the study of suicide assessment and prediction, 1992, 4
3 V. Ajdacic-Gross u.a., Suizid, 1999, 319

22

Tab. 1. *Suizid in der Schweiz: Fallzahlen pro Jahr nach Geschlecht*

Periode	Männer	Frauen
1951/54	772	281
1955/59	784	293
1960/64	710	294
1965/69	770	297
1970/74	849	358
1975/79	1030	451
1980/84	1111	475
1985/89	1077	457
1990/94	1058	413
1995/99	986	386

Datenquelle: Bundesamt für Statistik

Aus diesen Zahlen lässt sich eine Lebenszeitprävalenz von gut 2 % (Männer 3 %) ableiten.

Risikofaktoren

Die Suizidhäufigkeit wird von einem komplizierten Geflecht von teilweise – je nach Teilpopulation – entgegengesetzt wirkenden Risikofaktoren beeinflusst. Ein Beispiel dafür ist der materielle Lebensstandard: Bei älteren Männern wirkt Reichtum eher protektiv, bei Frauen mittleren Alters eher risikofördernd.

Allgemeine Risikofaktoren für Suizid sind Geschlecht, Alter, soziales Umfeld (sozioökonomische Situation, soziale und psychische Isolierung) und kulturelles Umfeld (Religion, Nationalität).

Spezifisch medizinische Risikofaktoren sind Alkohol- und Drogenmissbrauch, insbesondere aber Depressionen. 50–70 % der Suizide liegt eine depressive Störung zugrunde. 15 % der Patienten mit schweren Depressionen sterben an Suizid. Bei Schizophrenien beträgt die Suizidrate 10 %, bei Abhängigkeitserkrankungen 5–10 %[4].

Familiäre oder kleinräumig-geographische Häufungen stellen insofern einen Sonderfall dar, als für deren Erklärung sowohl unterschiedliche Häufigkeiten bei den Risikofaktoren, insbesondere den depressiven Störungen, angeführt werden können als auch ein Nachahmungseffekt, der schon mit «Kontagiosität» des Suizids[5] bezeichnet wurde.

4 B.Woggon, Behandlung mit Psychopharmaka, 2002
5 R. Welz u.a., Imitation und Kontagiosität, 1984

Zahlen und Fakten

Unterschiede nach Geschlecht

Rund 70 % der Suizide in der Schweiz entfallen auf das männliche Geschlecht. In allen Altersklassen ist das Suizidrisiko für einen Mann mindestens doppelt so hoch wie für eine Frau, bei den unter 30- und den über 75-Jährigen beträgt es sogar mindestens das Dreifache. Diese Verhältniszahlen haben sich über die letzten Jahrzehnte kaum verändert.

Ein wesentlicher Unterschied zwischen Männern und Frauen besteht bei der Wahl der Suizidmethode: Männer bevorzugen «harte» Methoden (v.a. Erschiessen und Erhängen), Frauen «weiche» (in erster Linie Vergiftung durch Einnahme flüssiger oder fester Stoffe, d.h. meist von Medikamenten).

Im Gegensatz zum Übergewicht der Männer bei den vollendeten Suiziden betreffen zwei von drei Suizidversuchen Frauen.

Unterschiede nach Alter

In den 1990er Jahren bewegte sich die Suizidhäufigkeit bei den 20-69-jährigen Männern in einer engen Bandbreite, d.h. es ist in diesem Zeitraum für dieses Alterssegment kaum ein Einfluss des Alters festzustellen. Anders sieht es bei den über 70-Jährigen aus, bei denen das Suizidrisiko mit zunehmendem Alter ausgeprägt ansteigt (Abb. 1). Je nach Zeitperiode verschieden deutlich zu erkennen ist das sekundäre Häufigkeitsmaximum im jungen Erwachsenenalter. Bei den unter 70-jährigen Frauen verläuft der Häufigkeitsanstieg mit zunehmendem Alter gleichmässiger. Früher nahm die Suizidhäufigkeit bei den älteren Frauen in den obersten Altersklassen wieder ab. Heute ist wie bei den Männern eine sogar akzentuierte Zunahme erkennbar, die vermutlich auf eine abnehmende Dunkelziffer und den Einfluss von Sterbehilfeorganisationen hindeutet (vgl. unten).

Abb.1

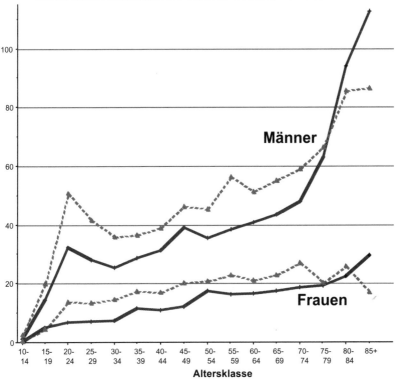

Suizid nach Altersklassen, Schweiz 1995/98 vs. 1980/84

Männer

Frauen

Altersklasse: 10-14, 15-19, 20-24, 25-29, 30-34, 35-39, 40-44, 45-49, 50-54, 55-59, 60-64, 65-69, 70-74, 75-79, 80-84, 85+

Datenquelle: BFS, Todesfälle und Todesursachen

M. Bopp, 2002
Institut für Sozial- und Präventivmedizin
der Universität Zürich

Zeitliche Trends nach Altersgruppen

Wie Abb. 1 zeigt, war das Suizidrisiko in der Periode 1995-98 in allen Altersklassen zwischen 20 und 75 deutlich geringer als 15 Jahre früher. Diese erfreuliche Feststellung muss allerdings relativiert werden, da die frühen 80er Jahre eine Zeit mit besonders vielen Suiziden waren. Verglichen mit der Periode 1965-69 erscheint das Risiko nur für die 50-64-jährigen Männer substantiell niedriger. Insgesamt erscheinen die langfristigen Fortschritte bei der Suizidbekämpfung gering.

25

Nach Altersgruppen ergeben sich bei den *Männern* folgende Trends (Abb. 2):

– Bei den 15-34-Jährigen blieben die Suizidraten zwischen 1951 und 1974 mehr oder weniger konstant, stiegen in den folgenden Jahren um mehr als die Hälfte an; seit 1982 haben die Raten wieder abgenommen, aber bislang den Tiefststand der 1960er Jahre nicht wieder erreicht.

– die 35-64-Jährigen haben insgesamt ein höheres Suizidrisiko als die 15-34-Jährigen. Seit dem frühen 20. Jahrhundert ist hier eine langfristige Tendenz zur Abnahme festzustellen[6], die sich nach einer Stagnationsphase in den 60er Jahren und einer darauf folgenden Zunahme nach 1983 fortgesetzt hat. Als Folge sind die Raten in dieser Altersgruppe heute so tief wie noch nie seit Beginn der Zahlenreihe um 1880.

– Bei den über 65-Jährigen finden wir die höchsten Suizidraten. Nach einer markanten Abnahme bis in die Mitte der 60er Jahre und einer vorübergehenden Spitze 1965/66 zeigt das Suizidrisiko bis Mitte der 80er Jahre tendenziell eine Zunahme, auf die in jüngster Zeit wieder eine leichte Abnahme gefolgt ist.

Abb. 2

Suizidtrends in der Schweiz seit 1951 – Männer

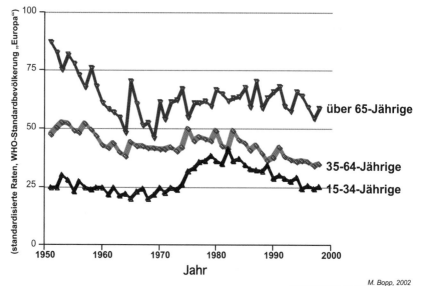

Datenquelle: BFS, Todesfälle und Todesursachen

M. Bopp, 2002
Institut für Sozial- und Präventivmedizin
der Universität Zürich

6 V. Ajdacic-Gross, O. Jeanneret, Suizid, 1999, 321

– Bei den *Frauen* verlaufen die Trends bei den 15-34-Jährigen und bei den 35-64-Jährigen praktisch parallel: Abnahmetendenz in den 50er und 60er Jahren, ausgeprägte Zunahme in den 70er Jahren bis zu einem Gipfel um 1980; seit 1985 überwiegend Abnahmen bis hin zu einem neuen Tiefststand (Abb. 3).

– Bei den über 65-Jährigen ist vor 1970 kein Trend zu erkennen, dann zeigt sich eine leichte Zunahme auf ein zwischen 1975 und 1990 mehr oder weniger konstantes Niveau, und seither erkennen wir eine Abnahme auf ein mit der Zeit vor 1970 vergleichbares Niveau. Im Gegensatz zur Situation bei den Männern ist das Suizidrisiko der über 65-jährigen Frauen erst seit 1970 höher als dasjenige der 35-64-jährigen.

Abb. 3

Suizidtrends in der Schweiz seit 1951 – Frauen

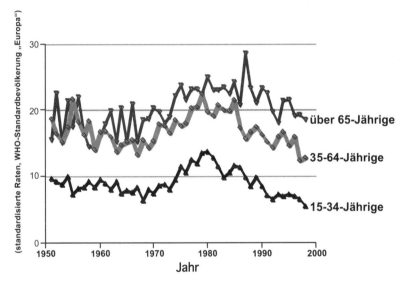

Datenquelle:BFS, Todesfälle und Todesursachen

M. Bopp, 2002
Institut für Sozial- und Präventivmedizin
der Universität Zürich

Soziale Unterschiede

Die ökonomischen Rahmenbedingungen spielen für die Suizidhäufigkeit nicht mehr die gleich grosse Rolle wie in früheren Zeiten. Dennoch ist in dieser Hinsicht mindestens bei den älteren Männern immer noch ein beträchtlicher Einfluss anzunehmen.

Die letzten publizierten Analysen über soziale Unterschiede in der Schweizer Suizidmortalität beziehen sich auf die 1980er Jahre und zeigen eine grosse Ähnlichkeit der Suizidhäufigkeit der Männer mit dem Muster der Gesamtsterblichkeit, d.h. die Gruppe der «Akademiker und freien Berufe» hat die geringsten Raten, die Gruppe der «gelernten manuellen Berufe» die höchste (Tab. 2).

Tab. 2   Suizidmortalität nach Berufsstatus, Schweiz 1979-82[7]
(altersstandardisierter Index, Landesdurchschnitt = 100)

akademische und freie Berufe	69
höhere Berufe	81
gelernte nicht-manuelle Berufe	107
gelernte manuelle Berufe	129
an- und ungelernte Berufe	104

Auch bei der Analyse nach einzelnen Berufen überwiegt Ähnlichkeit mit der Gesamtsterblichkeit, mit den relativ hohen Suizidraten der Landwirte, der Ärzte sowie der kaufmännischen und Verwaltungsangestellten als gewichtigsten Abweichungen[8].

Soziale und psychische Isolierung spielen eine wichtige Rolle. So haben Alleinstehende ein höheres Suizidrisiko, und innerhalb dieser Gruppe haben fast überall die Geschiedenen die höchsten Suizidraten.

Regionale und kulturelle Unterschiede

Innerhalb der Schweiz wurden ausgeprägte regionale Unterschiede in der Suizidsterblichkeit beschrieben[9]. In den 1990er Jahren scheinen die geografischen Unterschiede abgenommen zu haben. Geografisch und altersmässig genügend detaillierte Angaben über die Bevölkerung unter Risiko sind jeweils nur aus den Volkszählungen vorhanden. Da die entsprechenden Angaben aus der Volkszählung 2000 im Moment noch nicht verfügbar sind und zudem auf den 1.1.1995 eine neue Klassifikation der Todesursachen eingeführt worden ist, bei der psychische Störungen ungleich häufiger als grundlegende Todesursache anerkannt werden und nicht bloss als Begleitdiagnose, sind im Moment in dieser Beziehung aber kaum verlässliche Aussagen möglich.

---

7 Quelle: T. Spuhler u.a., 1993, 342
8 R. Gass u.a., Berufsspezifische Mortalitätsrisiken, 1997, 98 und 106
9 M. Bopp u.a., Atlas der Krebsmortalität in der Schweiz, 1997

Die kulturspezifischen Unterschiede verflachen zusehends. Die noch in den 50er Jahren ausgeprägte Mehrzahl der Suizidfälle unter Protestanten im Vergleich zu den Katholiken gilt zunehmend nur noch für die über 50-Jährigen und in eher ländlich geprägten Gebieten.

Dunkelziffer

Die Zahl der Suizide wird in der Statistik wohl überall unterschätzt. Suizid wird in unserer Gesellschaft oft tabuisiert und deswegen oder aus «Rücksicht» auf überlebende Familienmitglieder auf der Sterbekarte nur zögernd und schichtspezifisch verzerrt zugeordnet.

Wie gross diese Dunkelziffer ist, lässt sich nur schwer sagen. Gewisse Hinweise ergeben sich durch die Hinzunahme von Diagnosen, hinter denen Suizide versteckt sein könnten. Dazu gehören v.a. die gewaltsamen Tode ohne nähere Bestimmung (vorsätzlich oder nicht? Selbst- oder Fremdeinwirkung?) und Suizidhandlungen verwandte Unfallarten (z.B. Ertrinken im Vergleich mit der Suizidhandlung «sich ertränken» oder unfallmässige Vergiftung im Vergleich mit vorsätzlicher Selbstvergiftung).

Zumindest in der Schweiz gibt es aber wenig Spielraum für systematische statistische Verzerrungen[10]. Als Argumente dafür können angeführt werden:

- Die Todesursachen werden in der Schweiz von einem Arzt bescheinigt und daraufhin anonymisiert, sind also öffentlich nicht zugänglich;
- Suizid tritt nur selten als ein leiser, unauffälliger Tod auf;
- trotz fortschreitender Säkularisierung und Bedeutungsverlust der Religionen finden wir in den letzten Jahrzehnten anteilsmässig keine nennenswerten Verschiebungen zwischen expliziten Suizid-Diagnosen und verwandten Diagnosen;
- höhere Dunkelziffern wären vorab für ländlich-katholische Gegenden denkbar. Einige idealtypische Gebiete dieser Kombination, vorab Appenzell Innerrhoden, melden aber seit Jahrzehnten im Vergleich zum Landesdurchschnitt weit überdurchschnittliche Suizidraten, was gegen eine systematische Unterschätzung spricht.

Insgesamt ergibt sich wohl eine grössere Verzerrung durch das Wirken der Sterbehilfe-Organisation Exit. Es ist allerdings unbekannt, zu welchem Ausmass solche Fälle überhaupt als Suizid in die offizielle Todesursachenstatistik eingehen.

---

10 V. Ajdacic-Gross u.a., Suizid, 1999

Internationaler Vergleich

Beim Suizid erreicht der Unterschied zwischen den höchsten (Litauen) und den tiefsten nationalen Raten in Europa (Griechenland) fast das Fünfzehnfache (Abb. 4), ein Unterschied der bei keiner anderen wichtigen Todesursache auch nur annähernd erreicht wird.

Die europäischen Länder lassen sich hinsichtlich ihrer Suizidraten in sechs Kategorien unterteilen:

1. Hochinzidenzländer: Ex-Sowjetunion (v.a. Männer), Ungarn (Gipfel in 1980er Jahren), Slowenien
2. Oberes Mittelfeld: Finnland (nur Männer; Frauen Mittelfeld)
3. Mittelfeld: Schweiz, Belgien, Frankreich, Österreich
4. unteres Mittelfeld: Dänemark, Deutschland, Schweden, Norwegen
5. Niedriginzidenz: Italien, Spanien, England, Niederlande (nur Männer), Irland und Polen (jeweils nur Frauen)
6. Niedrigstinzidenz: Griechenland, Albanien.

Abb. 4

Suizidmortalität um 1995/99

* z.T. ohne 1999, selten auch
ohne andere Kalenderjahre

Datenquellen:
WHO Mortality Database
BFS, Todesfälle und Todesursachen

M. Bopp, 2002
Institut für Sozial- und Präventivmedizin
der Universität Zürich

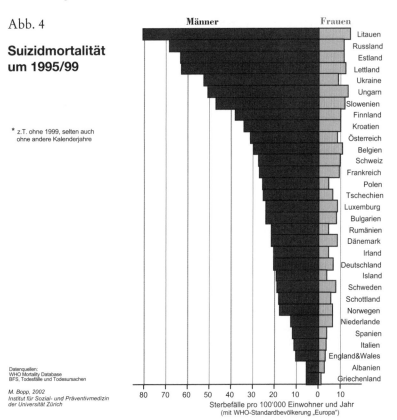

Männer   Frauen

Litauen
Russland
Estland
Lettland
Ukraine
Ungarn
Slowenien
Finnland
Kroatien
Österreich
Belgien
Schweiz
Frankreich
Polen
Tschechien
Luxemburg
Bulgarien
Rumänien
Dänemark
Irland
Deutschland
Island
Schweden
Schottland
Norwegen
Niederlande
Spanien
Italien
England&Wales
Albanien
Griechenland

80 70 60 50 40 30 20 10 0 10
Sterbefälle pro 100'000 Einwohner und Jahr
(mit WHO-Standardbevölkerung „Europa")

Sieht man von den osteuropäischen Ländern ab, so hat sich die Reihenfolge der Länder seit Beginn des 20. Jahrhunderts nur wenig verändert. Ungarn, Finnland, Österreich und die Schweiz haben seit jeher überdurchschnittliche Suizidraten – für Deutschland und Dänemark war dies bis in die jüngere Vergangenheit der Fall.

Internationale Trends

Die für den Alterseinfluss bereinigten Gesamtraten der Männer haben sich mit wenigen Ausnahmen (z.b. Ungarn) bemerkenswert wenig verändert (Abb. 5). Beschränkt auf die Schweiz und ihre Nachbarländer fällt seit Mitte der 80er Jahre eine Konvergenz Schweiz-Frankreich auf. Auch zu Österreich besteht seit Jahrzehnten eine grosse Ähnlichkeit. Deutschland hingegen hat seit 1975 deutlich tiefere Suizidraten als die Schweiz. Andauernd deutlich tiefer als in Mitteleuropa sind die Suizidraten in England und in den südeuropäischen Ländern.

Abb. 5

Suizidtrends in Europa seit 1951 – Männer

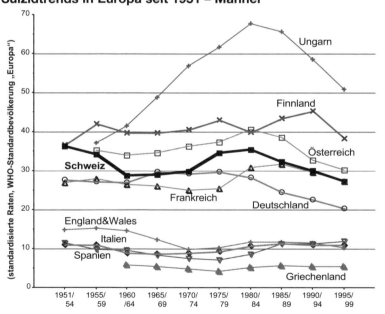

Datenquellen:
WHO Mortality Database
BFS, Todesfälle und Todesursachen

M. Bopp, 2002
Institut für Sozial- und Präventivmedizin
der Universität Zürich

31

Die Suizidraten der Frauen zeigen stärkere Rangverschiebungen im Laufe der Zeit (Abb. 6). Auch hier verhält sich die Schweiz ähnlich wie Frankreich und Österreich, und auch hier ist sie gegenüber Deutschland ins Hintertreffen geraten.

Abb. 6

Suizidtrends in Europa seit 1951 – Frauen

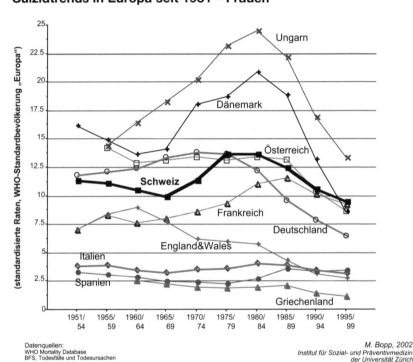

Datenquellen:
WHO Mortality Database
BFS, Todesfälle und Todesursachen

M. Bopp, 2002
Institut für Sozial- und Präventivmedizin
der Universität Zürich

Im *altersspezifischen Vergleich mit den Nachbarländern* fällt vor allem der grosse Unterschied zu Italien auf (Abb. 7, Abb. 8). Die durchgehend niedrigeren Suizidraten in Deutschland sind eine neuere Erscheinung. Ausser bei den Männern Österreichs hat sich das traditionelle sekundäre Maximum im jüngeren Erwachsenenalter nur in der Schweiz bis heute erhalten.

Abb. 7

Suizid: Männer nach Altersklassen, 1995–98*

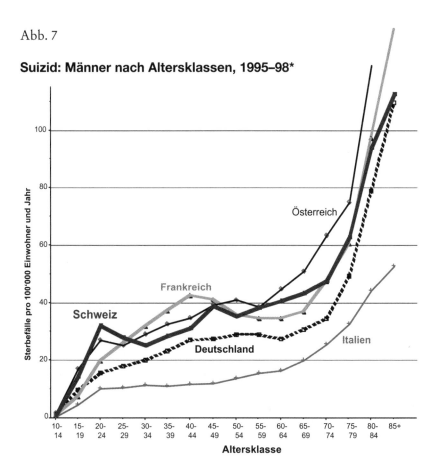

* Deutschland, Österreich: 1995-99

Datenquellen:
WHO Mortality Database
BFS, Todesfälle und Todesursachen

M. Bopp, 2002
Institut für Sozial- und Präventivmedizin
der Universität Zürich

Für die Brauchbarkeit der offiziellen Statistiken spricht, dass sich viele Unterschiede zwischen den Ländern nicht nur im internationalen Vergleich sondern auch zwischen den Immigranten aus diesen Ländern nachweisen lassen. Zu den im Vergleich zur Schweiz seit Beginn der Zahlenreihen wesentlich geringeren Suizidraten in Italien passen die nur etwa halb so hohen Suizidrisiken der Italiener in der Schweiz. Die Mittelposition des Tessins mit einer um rund einen Drittel niedrigeren Suizidmortalität als in der übrigen Schweiz liefert ein weiteres Argument dafür, dass es sich lohnt, durch kulturelle Vergleiche Hinweise auf die Ätiologie zu suchen.

Wo diese Übereinstimmung fehlt – so haben z.b. in der Schweiz lebende deutsche Männer und vor allem Frauen ein deutlich höheres Suizidrisiko als die Bewohner Deutschlands –, ist dagegen die Frage erlaubt, ob die Suizid-Prävention ihre Mittel genügend ausschöpft.

Prävention

Im Zusammenhang mit der Gestaltung der Suizidprävention geht es um die grundsätzliche Frage, wo diese ansetzen soll:
– beim suizidalen Verhalten selbst;
– bei den Bedingungen und Umständen, die die Entstehung von Depressionen oder Krisen im Vorfeld des suizidalen Verhaltens begleiten.

Neben gesellschaftlichen Massnahmen (u.a. Einschränkung der Verfügbarkeit gefährlicher Mittel) sind folgende Ebenen der Prävention anzugehen:

Für die *primäre Suizidprävention* sind diejenigen Massnahmen relevant, die auf eine Eindämmung der bekannten, oben aufgezählten allgemeinen und spezifischen Risikofaktoren hinzielen. Daneben sollte der Hausarzt vor allem auch der Familien- und Eigenanamnese (Suizide in Familie, frühere Suizidversuche beim Patienten) genügend Beachtung schenken. In einer Berner Studie wurde ermittelt, dass bei mehr als einem Drittel aller Suizidfälle der behandelnde Arzt nicht wusste, dass sein Patient schon einen Suizidversuch unternommen hatte[11]. Noch häufiger war dem behandelnden Arzt nicht bekannt, dass der Patient gegenüber Angehörigen schon Suizidabsichten geäussert hatte.

Im weiteren Sinn gehört auch das Denken in gesellschaftlichen Zusammenhängen zur primären Suizidprävention, z.B. Versuche, die Bedingungen, die das Klima für suizidale Handlungen schaffen, zu verändern.

Die *sekundäre Suizidprävention* greift in den Prozess präsuizidalen oder suizidalen Verhaltens ein und bewegt sich weitgehend im Rahmen psychologischer, medizinischer und psychiatrischer Betreuung. Es dürfte sich lohnen, mehr Gewicht auf ein genaues Erfassen einer depressiven Symptomatik zu legen und Kriterien für den Schweregrad einer Depression zu entwickeln. Noch immer gilt die Faustregel: je schwerer die Depression, desto grösser die Suizidgefahr. Wichtigstes Anzeichen für eine aktuell drohende Suizidgefahr ist die Kontaktverminderung. Soziale Rückzugstendenzen können von Angehörigen und Therapeuten bemerkt

---

11 K. Michel, Suizide und Suizidversuche, 1986, 771 und 772

34

werden. Besonders gefährlich ist z.b. bei religiösen Menschen das Erlebnis, nicht richtig beten zu können[12].

In den Bereich der *tertiären Suizidprävention* gehört die therapeutische Versorgung von Menschen, die bereits einen Suizidversuch unternommen haben. Die Anwendung von Antidepressiva ist häufig mangelhaft und lässt sich oft mit «zu spät, zu kurz, zu lang oder zu wenig» umschreiben[13]. Mit vermehrter inter- und transdisziplinärer Zusammenarbeit könnte der Umgang mit und die Bewältigung von Depressionen erfolgreicher werden.

Schlussfolgerungen

Man geht davon aus, dass 90 % der Suizidenten an einer psychiatrischen Störung litten[14]. Ausgeprägte Unterschiede zwischen Regionen und Ländern, Nationalitäten und Geschlechtern, Jahreszeiten und Zeitperioden sowie in der Wahl der Methode belegen aber einen entscheidenden Einfluss kultureller und sozialer Bedingungen. Erfolgreiche Prävention setzt daher nicht zuletzt eine günstige Beeinflussung des «Klimas für suizidale Handlungen» voraus.

Es muss zu denken geben, dass nur etwa die Hälfte der Personen nach einem Suizidversuch medizinisch und/oder psychiatrisch betreut werden. Noch mehr zu denken gibt, dass die Mehrzahl der Suizidenten in den Monaten vor dem Suizid in ärztlicher Behandlung war. Mit einer intensiven Schulung der praktizierenden Ärzte im Erkennen und Behandeln depressiver Störungen kann ein beträchtliches Präventionspotential erschlossen werden.

Die Entwicklung der Suizidraten und ihre genaue Analyse nach Teilpopulationen geben wichtige Hinweise auf die Entwicklung der gesellschaftlichen Rahmenbedingungen für suizidale Handlungen und die relative Bedeutung von Risikofaktoren. Die internationalen Zahlen belegen, dass die Reihenfolge der Länder in der Suizidhäufigkeit nicht unveränderlich ist. Die Beispiele Deutschland und Dänemark zeigen, dass auch Länder mit traditionell hohen Raten einen Platz im Mittelfeld erreichen können.

Für eine erfolgreiche Suizidprävention gilt es, drei Ebenen von Defiziten anzugehen: diagnostische Defizite (Erkennung von Suizidalität), therapeutische Defizite (professionelle Betreuung von suizidalen Personen) und Forschungsdefizite (Kompetenznetz Depression 2002). Gerade in der Schweiz braucht es zusätzliche Forschungsanstrengungen, aber auch zu-

---

12 B. Woggon, Behandlung mit Psychopharmaka, 2002
13 B. Woggon, Therapieresistente Depressionen, 1998
14 B. Woggon, Behandlung mit Psychopharmaka, 2002

sätzliche Informationen, z.b. über das Ausmass und die Ursachen der Suizidversuche.

Bibliographie

Ajdacic-Gross V., Jeanneret O.: Suizid, in: Gutzwiller F., Jeanneret O. (Hrsg.), Sozial- und Präventivmedizin Public Health, 319-330, 2. Auflage, Bern: Hans Huber, 1999

Bopp M., Schüler G.: Atlas der Krebsmortalität in der Schweiz 1970-1990. Band B: Gesamtsterblichkeit und wichtige Nicht-Krebs-Todesursachen, Basel: Birkhäuser, 1997

Breault K. D.: Was Durkheim right? A critical survey of the empirical literature on Le Suicide, in: Lester D. Emile Durkheim – Le Suicide. One hundred years later, 11-29, Philadelphia: The Charles Press, 1994

Gass R., Bopp M.: Berufsspezifische Mortalitätsrisiken der Männer in der Schweiz 1979-83, Bern: Bundesamt für Statistik, 1997

Kompetenznetz Depression. www.kompetenznetz-depression.de

Maris R. W.: Overview of the study of suicide assessment and prediction, in: Maris R. W., Berman A. L., Maltsberger J. T., Yufit R. I. (eds.). Assessment and prediction of suicide, 3-24, New York, London: Guilford Press, 1992

Michel K.: Suizide und Suizidversuche: Könnte der Arzt mehr tun?, Schweiz. Med. Wochenschr. 1986, 116

Spuhler T., Michel K.: Suizid, in: Weiss W. (Hrsg.), Gesundheit in der Schweiz, 337-346, Zürich: Seismo, 1993

Welz R., Häfner H.: Imitation und Kontagiosität bei Selbstmordhandlungen, in: Welz R., Möller J., Bestandesaufnahme der Suizidforschung. Epidemiologie, Prävention und Therapie, 63-76, Regensburg: S. Roderer, 1984

Woggon B.: Therapieresistente Depressionen - Ursachen und Behandlungsmöglich-keiten. Psychopraxis, 10-19, [5]1998

Woggon B.: Behandlung mit Psychopharmaka. Aktuell und massgeschneidert, Bern: Hans Huber, 1998 (erweiterte Neuauflage 2003)

Alberto Bondolfi

ETHISCHE WERTUNGEN DES SUIZIDS IM LAUFE DER GESCHICHTE: ÜBER-
TRETUNG DES TÖTUNGSVERBOTS, PATHOLOGIE ...?

Interpretation und Wertung des Suizids im Laufe der Geschichte, sei es in philosophischem oder theologischem Kontext, sind kontrovers und las-sen sich auf keinen einheitlichen Nenner, ja nicht einmal auf eine kohä-rente Logik zurückführen. In dem hier gegebenen Rahmen kann es nur darum gehen, aus der Geschichte des abendländischen Denkens einige ethische Wertungen suizidalen Verhaltens aufzugreifen und zu beschrei-ben. Doch trotz kontroverser Ansätze hält sich durch die Epochen und Texte eine Art «roter Faden» durch. Dieser «rote Faden» macht eines ma-nifest: die *durchgängige Missbilligung des Suizids*. Höchst vielfältig ist dann allerdings die Palette der Argumente, die zu dessen Verurteilung he-rangezogen wurde.

Der Suizid als «Sünde»

Die Geistesgeschichte Europas ist vom christlichen Gedankengut geprägt. Bis in die Gegenwart hinein beeinflusst dieses Denken die Einstellungen dem Suizid gegenüber. Ich beschränke mich darauf, kurz auf einige der wichtigsten geschichtlichen Zeugnisse einzugehen. Sie sollen dem besse-ren Verständnis der aktuellen Suiziddebatte dienen.

Der Kirchenlehrer Augustinus gehört zweifellos zu jenen Autoren, wel-che die Ausgestaltung der christlichen Theologie am stärksten beeinflusst haben. Seine Einstellung dem Suizid gegenüber war rigoristisch. Dieser Rigorismus lässt sich mit seiner buchstabengetreuen Auslegung des Fünf-ten Gebots erklären: *«Du sollst nicht töten!»* In seinem Werk «Der Got-tesstaat» legt Augustinus seine intransigente[1] Position dar, die sich von den nuancierteren Positionen eines Ambrosius und eines Hieronymus stark abhebt. Die beiden letztgenannten Autoren sahen zumindest einige Ausnahmefälle vor, in denen der Suizid als «entschuldbar» einzustufen ist – beispielsweise im Fall von Märtyrerinnen, die mit der Selbsttötung einer Vergewaltigung zuvorkommen konnten.

Augustinus' Argumentation beruht in erster Linie auf einer deontologi-schen Sicht des bereits zitierten göttlichen Gebots. Seiner Auslegung zu-

---

1 Intransingent bedeutet unversöhnlich, zu keinen Konzessionen oder Kompromissen be-reit (Anm. der Herausgeber).

folge lässt dieses Gebot keine Ausnahme von der Regel zu und ist wortwörtlich anzuwenden. Ein Suizid ist selbst dann nicht zu rechtfertigen, wenn er begangen wird, um eine als äusserstes Übel eingestufte Tat – etwa eine Vergewaltigung – zu vermeiden:

> «Denn nicht umsonst kann man in den heiligen und kanonischen Büchern nirgends ein göttliches Gebot noch auch die Erlaubnis ausgesprochen finden, sich selbst das Leben zu nehmen, um das unsterbliche Leben zu erlangen oder irgendein Übel zu meiden oder zu beseitigen. Vielmehr ist das Verbot hieher zu beziehen: ‹Du sollst nicht töten›.»[2]

Nicht nur im Mittelalter, sondern noch in der Neuzeit hat Augustinus' Rigorismus die europäischen Mentalitäten stark beeinflusst.

Thomas von Aquin, der bedeutendste Theologe des Mittelalters, äusserte sich ebenfalls zum Suizid. Seine Überlegungen prägen noch heute die offizielle katholische Doktrin in dieser Frage. Bemerkenswert ist das Gefälle im Denken des Aquinaten zwischen seinen Aussagen über den Menschen im Allgemeinen und den Argumenten, die er gegen jede Form von Suizid vorbringt. Diese sind weniger an Überlegungen über die Natur des Menschen und dessen moralische Freiheit gekoppelt als an eine ganz besondere Auffassung von der Souveränität Gottes über den Menschen. Zum besseren Verständnis dieser Souveränität stellt Thomas von Aquin eine Analogie zum Verhältnis von Herren und Sklaven gemäss römischem Recht her. Unter diesem Gesichtspunkt betrachtet er jeden Suizid als Eingriff in den spezifischen Rechtsbereich Gottes, den er einem allmächtigen Herrscher gleichsetzt:

> «Leben ist Gottes Geschenk an die Menschheit und untersteht seinem Machtbereich; nur Gott darf töten und zum Leben erwecken. Daher sündigt jeder, der sich sein Leben nimmt, gegen Gott; genauso wie jemand, der eines anderen Sklaven tötet gegen dessen Halter sündigt, und der sich widerrechtlich das Urteil über eine Sache aneignet, die ihm nicht anvertraut ist. Es steht nur Gott alleine zu, über Tod und Leben ein Urteil zu sprechen ...»[3]

Das Zitat aus der «Summa theologiae» macht deutlich, dass sich im Argument Elemente aus der Bibel und aus dem römischen Privatrecht vermischen. Das Gottesbild, das aus diesen Aussagen hervorgeht, erinnert stark an das Bild des römischen *pater familias*, der Macht über Leben und

---

2 Augustinus, De civitate Dei, I, 20
3 Thomas von Aquin, Summa theologiae, IIa-IIae, Qu. 64, art. 5

Tod nicht bloss seiner Sklaven, sondern auch seiner Kinder und seiner Gattin hatte. Diese emphatische Hervorhebung der Souveränität Gottes, der frei über die Dauer unseres Lebens entscheidet, findet sich nicht nur in der mittelalterlichen Theologie, sondern hält sich in katholischen wie protestantischen theologischen Werken bis in die letzten Jahrzehnte des 20. Jahrhunderts durch.

Man kann sich fragen, ob diese Position der *biblischen Sicht* des Verhältnisses zwischen der Souveränität Gottes und der Freiheit des Menschen vor Gott entspricht. Ich fühle mich hier ausserstande, diese Frage umfassend zu beantworten. Ich stelle lediglich fest, dass weder die Hebräische Bibel noch das Neue Testament eine *explizite Lehre* über den Suizid enthält, sondern lediglich Berichte, in denen der suizidale Akt als beinahe «selbstverständlich» erwähnt wird und nicht der Anspruch erhoben wird, ihn ethisch in allen Einzelheiten zu rechtfertigen oder zu missbilligen.

Der Suizid als «Verbrechen» in der griechisch-römischen Antike

Wie die vor dem Aufkommen des Christentums lebenden Gesellschaften über den Suizid dachten, wissen wir aus den Zeugnissen einiger Autoren, deren Texte dank Transkriptionen von Mönchen zu uns gekommen sind. Die Tatsache, dass die Überlieferung über diese Kanäle erfolgte, zwingt uns zu höchster Vorsicht bei der Interpretation dieser Texte, lässt sich doch aus ihnen das Denken der Autoren nicht immer mit letzter Gewissheit herleiten. Wenn wir die Aussagen der bekanntesten griechischen Philosophen vorurteilslos angehen, drängen sich uns zwei Feststellungen auf: Einerseits ist die moralische Ablehnung des Suizids zutiefst in ihrer Mentalität verankert, andererseits sind, über die Jahrtausende hinweg, einige ihrer Überlegungen noch in unseren Alltagsmentalitäten wirksam.

In seinem Dialog «Phaidon» vertritt *Platon* die Auffassung, der Suizid könne nicht gutgeheissen werden. In ihm drücke sich die Ablehnung des Schutzes aus, den die Götter, die das Leben spenden, jedem Menschen gewähren. Platon schreibt diese Überlegung seinem Lehrer *Sokrates* zu, von dem allerdings auch die Bemerkung überliefert ist, unter gewissen Umständen sei es besser zu sterben als weiter zu leben. Doch da wir nicht gänzlich uns selbst gehörten, sei die Frage, ob der Suizid zulässig sei oder nicht, ihrerseits nicht zulässig.

In den «Gesetzen» signalisiert Platon mehr Verständnis für Situationen, in denen die Schmerzen so unerträglich sind, dass es zum Suizid kommt. Doch da eine solche Tat nicht zu rechtfertigen sei, sei jedes öffentliche Aufheben um die Grabstätte eines Suizidenten zu vermeiden.

Diese Positionen werden das Denken der späteren, insbesondere der christlichen Epochen entscheidend prägen. Hingegen lässt sich nicht belegen, dass sich die damaligen griechischen Gesellschaften (Athen wie Sparta) diese philosophische Auffassung zu eigen gemacht hätten.

Auch *Aristoteles* befasste sich mit dem Thema, allerdings sind seine Argumente eher rechtlicher denn grundsätzlicher Natur. Er interpretiert den Suizid in erster Linie als negatives Verhalten der politischen Gemeinschaft gegenüber, sei es doch nicht vorstellbar, sich selbst gegenüber eine Ungerechtigkeit zu begehen. Ausserdem vertritt er die Meinung, alles, was das Gesetz nicht ausdrücklich erlaube, habe als verboten zu gelten. Sein in der «Nikomachischen Ethik» entwickelter Denkansatz ist nicht völlig transparent. Das ist mit ein Grund, weshalb seine Missbilligung des Suizids über die Jahrhunderte hinweg einfach kolportiert wurde und keine ernsthaften Interpretationsversuche unternommen wurden.

Im Verlauf der Geschichte wurden die Texte der griechischen Philosophie immer wieder anders interpretiert. Ein Urteil über die Richtigkeit dieser Interpretationen masse ich mir nicht an. In unserem Zusammenhang wichtig ist hingegen der Befund, dass schon die Einstellung der vorchristlichen Kulturen dem Suizid gegenüber grundsätzlich negativ war, allerdings nicht in derselben radikalisierten Form wie in den nachfolgenden Jahrhunderten.

Das römische Recht kennt eine einschlägige Strafbestimmung, nämlich die Konfiskation der Güter eines zurechnungsfähigen Menschen, der seinem Leben ein Ende setzt, um einer strafrechtlichen Sanktion zu entgehen. Doch obwohl es hier um eine besondere und deshalb seltene Konstellation geht, blieb sie nicht ohne Einfluss auf die Gewohnheiten und Mentalitäten der kommenden christlichen Jahrhunderte.

Erste Kritik am Suizidverbot in der frühen Neuzeit und Radikalisierung bei einigen Vertretern der Philosophie der Aufklärung

Bereits im Humanismus wurden Positionen, die noch im Mittelalter völlig «indiskutabel» waren, Gegenstand der Debatte. In der Aufklärung wurde dann die Kritik noch verschärft. Hier soll der Hinweis auf einige der repräsentativsten Stimmen genügen.

Nicht ohne Bedeutung ist, dass die humanistischen Denker auf jene Philosophen der vorchristlichen Antike zurückgreifen konnten, die bereits versucht hatten, dem Suizid eine gewisse Akzeptanz zu verleihen. Die Humanisten beriefen sich vorab auf die *Stoiker* – Philosophen, die übrigens auch die christliche Moral wesentlich beeinflussten. Sie lehrten, der Mensch solle in Harmonie mit dem *logos* (Inbild der göttlichen Vernunft im Kosmos), also der Natur und ihren Gesetzen gemäss, leben. Zudem solle er sich nicht von seinen Instinkten, Gefühlen oder Emotionen beherrschen lassen, sondern sich an die Vernunft allein halten; so gelange er in den Stand der *apatheia*, das heisst der gänzlichen Triebabwesenheit. Die vom Menschen zu fällenden Entscheide gehörten entweder der Ordnung der guten oder schlechten Dinge oder der Ordnung der indifferenten Dinge an, genannt *adiaphora*. Der wohlüberlegte Entscheid zum Suizid, der dann aber aus Mangel an Mut nicht vollzogen werde, gehöre der Ordnung der indifferenten Dinge an, deren positiver oder negativer Gehalt kontextabhängig sei. Überlegungen dieser Art finden sich in mehreren Schriften Senecas. Und auch die christliche Tradition hat sich ihnen nicht gänzlich verschlossen.

In der Epoche des Humanismus tritt diese Denkrichtung wieder in Erscheinung, angepasst allerdings an einen neuen historischen Kontext. *Michel de Montaigne*, der bedeutendste Vertreter dieser Denkströmung, legt in seinen «Essays» eine globale Sicht des Lebens vor, in welcher der Suizid, unter ganz bestimmten Bedingungen, einen positiven Gehalt erhalten kann. Um den möglichen positiven Aspekt des Suizids erfassen zu können, gelte es, den Tod zu relativieren, denn der Tod bedeute nicht das Ende unseres Lebens, sondern bezeichne lediglich dessen Grenze. Man solle ihm nicht zu viel Bedeutung beimessen, sondern danach trachten, mit ihm zu leben. Komme der Tod als vernünftige Wahl in Betracht, sei er, so Montaigne, als eine mögliche Wahl furchtlos in Erwägung zu ziehen. Deshalb sei es unerlässlich, sich nicht von jenen Argumenten beherrschen zu lassen, die vorgeben, das Leben gehöre uns nicht. Und dann folgt der argumentative Vergleich: So wie derjenige, der sein Holz verbrennt, kein Brandstifter ist, ist derjenige, der sich das Leben nimmt, kein Mörder.

Montaignes Position ist vor allem anderen als mutige Verteidigung der Autonomie des Menschen gegen äussere Mächte – seien sie menschlich oder göttlich – zu interpretieren und, in zweiter Linie, als Wille zur Entkriminalisierung des Suizids. Damit bricht Montaigne endgültig mit der von Augustinus begründeten Tradition. Erst auf diesem Hintergrund lässt sich Montaignes Bedeutung innerhalb des Humanismus angemessen würdigen.

Mit dem Aufkommen der Aufklärungsphilosophie im 18. Jahrhundert radikalisieren sich die Argumente, welche die christliche Tradition in Frage stellen. Diese Radikalisierung ist aber auch schon der einzige gemeinsame Nenner der Philosophen der Aufklärung. In ihren Standpunkten unterscheiden sie sich nämlich zutiefst. Wir haben es hier mit dem ersten Auftreten einer *öffentlichen Diskussion* zu diesem Thema in einer *offenen Gesellschaft* zu tun. Zu den Philosophen, die in dieser Diskussion eindeutig Stellung beziehen, gehören Hume und Kant, zwei einflussreiche Stimmen, wenn es um die Befürwortung respektive die Verurteilung des Suizids geht.

1777 widmet der Engländer David Hume dem Thema Suizid einen eigenen Essay, worin er die damals noch gängige Kriminalisierung des Suizids als Aberglaube und «Schwärmerei» apostrophiert. Hume will nachweisen, dass dem Suizid weder unter moralisch-religiösem noch unter rechtlichem Aspekt ein negativer Wert zukommt. Seine «Demontage» erfolgt auf drei Ebenen: Der Suizid verstösst weder gegen unsere Pflichten gegenüber Gott noch gegen unsere Pflichten gegenüber unseren Nächsten oder der Gesellschaft, und letzlich verstösst er auch nicht gegen jene Pflichten, die jeder Mensch sich selbst gegenüber hat.

Auf der ersten Ebene argumentiert Hume folgendermassen: Gott regiert die Welt mit einer Reihe von Gesetzen, die in der physischen Welt wie in der seelischen Welt gelten. Die Gesamtheit dieser Gesetze führt zu einer Harmonie, die derart umfassend ist, dass sie die Existenz Gottes plausibel macht. In diesem Kontext kontrastiert der Suizid eines Individuums nicht mit dieser umfassenden Harmonie. Ganz im Gegenteil: Diese Geste ist Teil des komplexen Planes Gottes, den wir nicht in allen Einzelheiten nachvollziehen können. Für Hume geht es nicht darum, jeden einzelnen Suizid zu legitimieren, sondern diesen Akt aus der Kategorie der Verstösse gegen den göttlichen Willen herauszulösen. Zwingend beweisbar ist nämlich weder, dass es zwischen Suizid und göttlichem Willen einen Widerspruch gibt, noch, dass es keinen Widerspruch gibt. Der Vorsehung ist ganz im Gegenteil dafür zu danken, dass sie uns die Wahlfreiheit lässt und nicht direkt eingreift, indem sie den Suizid verhindert.

Auf der zweiten Ebene will Hume das Argument der Gegner des Suizids entkräften, wonach diese Geste ein eindeutig gegen die Gesellschaft und den Mitmenschen gerichteter Akt sei. Ihnen gibt er zu bedenken, jeder Einzelne gebe der Gesellschaft und empfange von ihr. Wer mithin die Gesellschaft durch Suizid verlasse, ohne um Erlaubnis zu bitten, der verstosse gegen kein Abkommen, denn wohl gebe er der Gesellschaft nichts mehr, er verlange aber im Gegenzug auch nichts mehr von ihr. Der Suizid stelle also keinen Verstoss gegen die Billigkeit dar.

Auf der dritten Ebene schliesslich, der Ebene der Pflichten des Menschen sich selbst gegenüber, vertritt Hume die Auffassung, diese Pflichten würden durch den Suizid nicht verletzt, bewahre doch der Selbsterhaltungsinstinkt den Menschen vor unbedachten Handlungen, die seinen Interessen zuwiderliefen. Verfüge das Individuum aber über die Stärke, diese Geste zu vollziehen, dann bedeute das, dass es sich davon habe überzeugen können, sie im eigenen Interesse zu vollziehen: Mithin liege kein Akt der Selbstvernichtung vor.

Diese Argumentation ergänzt Hume mit einer theologisch gelagerten

Überlegung. Hume räumt ein, eine aufmerksame Bibellektüre mache deutlich, dass die Heilige Schrift zwar vehement gegen den Mord eintrete, aber kein ausdrückliches Zeugnis gegen den Suizid enthalte. Augustinus' Auslegung des Fünften Gebotes, der Suizid komme einem Mord gleich, sei, da in den Bibeltexten nicht vorhanden, unhaltbar. Für Hume stellt diese Interpretation lediglich eine Projektion (auf diese Texte) dar.

Ganz anders die Argumentation von *Immanuel Kant*. Der deutsche Philosoph spricht vom Suizid im Kontext der Pflichten, die der Mensch gegenüber sich selbst hat. Das will keinesfalls sagen, Kant kenne und erwähne nicht auch die Pflichten, die jeder Mensch gegenüber seinen Mitmenschen hat. Doch seien die Argumente – so Kant –, die auf solche Pflichten rekurrieren, weder definitiv entscheidend noch völlig überzeugend. Es gelte also, Argumente innerhalb jenes Pflichtenkatalogs zu finden, den jeder Mensch sich selbst gegenüber habe. Doch wie sind derartige Pflichten überhaupt möglich?

In diesem Zusammenhang ist darauf hinzuweisen, dass Kant den Menschen von zwei verschiedenen Standpunkten her betrachtet: Aufgrund seiner Verfassung als *sinnliches Lebewesen* strebe jeder Mensch nach Selbsterhaltung und nicht nach Selbstvernichtung. Sollte nun aber ein Mensch Suizidabsichten hegen, dürfe er sich nicht bloss als sinnliches Lebewesen, sondern müsse sich auch als *moralisches Wesen* betrachten. Als solches aber kann und muss er Pflichten sich selbst gegenüber wahrnehmen. Wenn ein Mensch sich als moralisches Wesen achtet, hat er auch Achtung für das gesamte Menschengeschlecht. Wenn er sich hingegen als moralisches Wesen missachtet oder vernichtet, verletzt er das gesamte Menschengeschlecht. Aus diesem Grund stellt der Suizid für Kant nicht bloss einen moralischen Fehltritt, sondern ein Vergehen dar.

Kants Rigorismus hatte zu seiner Zeit einige Anhänger, aber auch zahlreiche Kritiker, vor allen anderen Arthur Schopenhauer, der sich in höchst ironischem Ton ausführlich zum Begriff der «Pflichten gegenüber sich selbst» ausliess.

Der Suizid als «Krankheit» in Soziologie und Psychologie

Im Rahmen dieser Ausführungen kann die Geschichte der philosophischen Positionen mit Blick auf den Suizid nicht eingehender entwickelt werden. Wichtig ist der Hinweis, dass die Reflexion über den Suizid im Verlauf des 19. Jahrhunderts das Feld der strikt philosophischen und theologischen Analyse verlassen hat (sie hat sich in gewisser Weise der Stimme der Kirchen entzogen) und der Suizid zum Forschungsgegenstand der *Sozialwissenschaften* mutiert ist.

Die Sozialwissenschaften fragen nicht in erster Linie, ob es für den Menschen legitim sei, das eigene Leben zu vernichten oder nicht, sondern sie befassen sich vorab mit den gesellschaftsbedingten *Ursachen* und *Motiven*, die Menschen zur suizidalen Geste bewegen können. Allerdings beschränkt sich die Soziologie des Suizids nicht darauf, die gesellschaftsimmanenten Ursachen zu suchen: Vielmehr entwickelt sie Theorien, die das Phänomen in seiner Globalität zu erklären versuchen. Ausgangspunkt sind zwar auch hier die religiös begründeten Verurteilungen, das Vorgehen indes versteht sich als «wissenschaftlich».

Der Suizid bei Durkheim

Wenn über Suizid diskutiert wird – auch mit Jugendlichen –, dann ist *Émile Durkheim*, der bedeutendste Vertreter dieses neuen Forschungsgebiets, unumgehbar, wirkt doch seine soziologische Analyse des Phänomens noch im heutigen Denken nach. Wer heute sein 1897 erstmals veröffentlichtes Werk «Der Selbstmord» liest, erwartet vielleicht eine desillusionierte und aseptische Sicht des Phänomens. Gerade das Gegenteil trifft zu: Durkheim legt in aller Klarheit seine Überzeugungen dar, belässt es aber nicht bei der schlichten Behauptung, der suizidale Akt sei in jedem Typus von Gesellschaft schädlich.

In einer komplexen Argumentation versucht er zu erklären, weshalb die «primitiven» Gesellschaften in ihrem Urteil über den Suizid und in ihren Kampf gegen den Suizid permissiver sind als mittelalterliche oder moderne Gesellschaften. Nach Durkheim ist dieser Mentalitätenwandel darauf zurückzuführen, dass die modernen Gesellschaften sich der *Heiligkeit der menschlichen Person* bewusst sind und ihr gegenüber eine Haltung des Respekts entwickelt haben, die jede Art von Vernichtung ausschliesst. Dieses Verhalten hält sich durch, selbst wenn die Menschen der Industriegesellschaften in ihren religiösen Überzeugungen zu den Lehren der jüdisch-christlichen Tradition zunehmend auf Distanz gehen.

Die Gesellschaft nimmt den Suizid eines ihrer Mitglieder als Bruch der Kontinuität, als Verletzung ihres Sozialnetzes wahr, dem sie sich ausgeliefert fühlt. Zum eigenen Schutz müssen die modernen Gesellschaften folglich reagieren. Sie bringen ihre moralische und soziale Missbilligung dieser Geste zum Ausdruck, ohne allerdings erneut jene Strafen einzuführen, welche die archaischen Gesellschaften bei Suizidversuchen vorsehen. Damit die Individuen gemäss Regeln und nicht völlig regellos (*anomia*) handeln können, hat die Gesellschaft ein Gleichgewicht zwischen kollektiven und individualistischen Tendenzen anzustreben und so die Voraussetzungen dafür zu schaffen, dass ein Individuum im Konfliktfall den Suizid als letzten Ausweg überhaupt nicht in Erwägung zieht.

Durkheims komplexes und deshalb in wenigen Zeilen nur unzureichend zu vermittelndes Denken hat die Suiziddebatten des vergangenen Jahrhunderts stark geprägt. In einem ersten Schub traten die moralischen Argumente immer mehr in den Hintergrund und wurden durch einen stärker an Psychologie und Psychiatrie orientierten Diskurs abgelöst. In einem zweiten Schub schliesslich gerieten sie wieder vermehrt ins Blickfeld, und zwar unter dem Druck der zunehmend dringlich gewordenen Problematik der von Krankheit und Schmerz geprägten letzten Lebensphase.

Der Suizid aus psychologischer und psychiatrischer Sicht

Diesem Paradigmenwechsel kommt auch und gerade unter ethischem Aspekt hohe Bedeutung zu. Nun wird das Phänomen Suizid als eine Realität wahrgenommen, gegen die in jedem Fall anzutreten ist. Geht man nämlich von der Annahme aus, der Suizid sei insofern «pathologisch», als er aus einem an eine Geisteskrankheit gekoppelten Mechanismus resultiert, wird rasch deutlich, dass den «Gesunden» die Pflicht zufällt, die tragische Konkretisierung dieser Krankheit im Suizid zu verhindern.

Im 19. Jahrhundert entwickelt sich mithin eine neue moralische Einstellung: Neben die moralische Verurteilung des Suizids tritt neu die *Pflicht, einen absehbar gewordenen Suizid zu verhindern*. Diese in unserer Gesellschaft bis vor kurzem fraglos anerkannte Verpflichtung ist heute Gegenstand heftiger, nur schwierig zu moderierender Kontroversen.

Doch was hat es mit dieser *Pathologisierung* des Suizids auf sich? Welches sind ihre Hauptmerkmale? Als Erstes müssen wir uns darüber im Klaren sein, dass bereits das Konzept *Geisteskrankheit* höchst kontrovers ist: Was ist eine Geisteskrankheit und mit welchen Methoden lässt sich ihr eventuelles Vorhandensein diagnostizieren? Damit aber ist die Frage, ob Suizid Ausdruck einer Geisteskrankheit sei oder nicht, noch lange nicht beantwortet. Die Spezialisten für die menschliche Psyche debattieren diese Frage noch immer kontrovers. Dennoch lassen sich einige Grundcharakteristiken herausarbeiten, die das Verständnis des Phänomens Suizid erleichtern.

Dass eine psychische Krankheit dort vorhanden sein kann, wo eine körperliche Untersuchung keine sichtbaren organischen Ursachen ergibt – darüber herrscht weitgehend Konsens. Einigkeit herrscht auch darüber, dass psychische Störung oder Geisteskrankheit *graduelle Begriffe* sind. Mit anderen Worten: Die psychische Krankheit stellt sich in unterschiedlichen Abstufungen dar, und die definitive Grenzziehung zwischen diesen Abstufungen erweist sich als äusserst schwierig.

Kann man – unter diesen methodologischen Prämissen – den Suizid in jedem Fall als eine Krankheit betrachten? Darauf gibt es offenkundig keine einfache Antwort. Die Psychiatrie richtet ihr Augenmerk im Wesentlichen auf die sogenannt *endogenen Ursachen*, das heisst auf jenen Ursachen, die in der seelischen Struktur des Suizidenten angelegt sind, und nicht auf die äusseren Umstände, etwa die schwierige Lebensphase, die ein Individuum durchläuft.

Die statistische Analyse der versuchten und vollendeten Suizide zeigt, dass mindestens ein Drittel der Suizidenten an einer Form von psychischer Depression neurotischen Ursprungs leiden. Aus der Studie geht auch hervor, dass einige der Suizidenten an einer Psychose, insbesondere an Schizophrenie erkrankt sind. Die statistischen Daten sollen indes nicht zu voreiligen Interpretationen verleiten, etwa zu der Behauptung, bei jedem Suizid sei eine psychische Krankheit im Spiel.

Genauso doktrinär wäre indes die Vorstellung, jeder Suizid sei Ausdruck einer autonomen und freien Handlung desjenigen, der einen Suizidversuch unternimmt. Die uns zur Verfügung stehenden Statistiken machen eine Korrelation zwischen psychischer Störung und suizidalem Verhalten manifest.

Aus den bisherigen Ausführungen ergeben sich folgende Einsichten:

Im Verlauf ihrer Geschichte haben sich Philosophie und Theologie immer wieder mit dem Phänomen Suizid befasst. Dessen Spezifikum haben sie aber, bei aller Vielfalt und allem argumentativen Reichtum, stets mehr oder weniger verfehlt. Das Phänomen Suizid scheint sich nämlich, anders als etwa Tötung oder Diebstahl, dem moralischen Urteil im strikten Sinn zu entziehen.

Einige Institutionen, die es traditionell ablehnten, dem Suizid ein moralische Legitimierung zuzusprechen, haben aufgrund der Erforschung der seelischen Ursachen und Folgen von Suiziden ihre Position neu überdacht. Die katholische Kirche etwa verweigert in der Praxis dem Suizidenten die kirchliche Bestattung in geweihter Erde nicht mehr. Von einigen wenigen Ausnahmen abgesehen, haben sämtliche Staaten noch geltende Strafbestimmungen für Suizidversuche aufgehoben.

Der Suizid – eine als «Recht» einforderbare Wahl?

Wir wenden uns nun einem neuen Kapitel der Geschichte des Suizids zu. In seinen Modalitäten und seiner Intention nach hat dieser Suizid wenig zu tun mit dem, wovon bisher die Rede war. Es geht jetzt um den Suizid von körperlich kranken Personen, die an einer tödlichen Krankheit in fortgeschrittenem Stadium oder an einer dauerhaften schweren Mobilitätseinschränkung leiden. In einer solchen Ausnahmesituation kommt dem Suizid eine neue Dimension zu, kann er doch von der Person, die ihn herbeisehnt, nicht selbst vorbereitet und in die Tat umgesetzt werden. Vielmehr muss der Suizid von einer Drittperson erbeten werden, die dem potentiellen Suizidenten «hilft», die Tat selbst zu begehen.

Das Strafrecht bezeichnet solche Intentionen und Handlungen als «Beihilfe zum Suizid» oder als «assistierten Suizid». Strafrechtlich wird diese Form von Suizid unterschiedlich geregelt. Ein Blick auf die umliegenden Staaten zeigt, dass Österreich, Italien und Frankreich die Beihilfe zum Suizid bestrafen, während Deutschland und die Schweiz liberalere Regelungen kennen.

In Artikel 115 erwähnt das Schweizerische Strafgesetzbuch diesen Typus von Suizid ausdrücklich. Obwohl in einem ganz anderen geschichtlichen Kontext als dem der heutigen Medizin verfasst, legt er fest: «Wer aus selbstsüchtigen Beweggründen jemanden zum Suizide verleitet oder ihm dazu Hilfe leistet, wird, wenn der Suizid ausgeführt oder versucht wurde, mit Zuchthaus bis zu fünf Jahren oder mit Gefängnis bestraft.» Weshalb dieser Artikel Eingang in das Schweizerische Strafgesetzbuch fand, hat mit der Lage, in der sich ein Sterbender heute gar nicht so selten befindet, nichts zu tun. Doch mit dieser Gesetzesbestimmung wird die Schweiz in der Frage des assistierten Suizids zu einem höchst liberalen Land, indem sie die Hilfe zum Freitod entkriminalisiert, sofern sie nicht aus selbstsüchtigen Motiven geleistet wird. Die Regelung bringt zudem zum Ausdruck, dass unsere Gesellschaft den Suizid inzwischen als «Privatangelegenheit» betrachtet und dass in einigen Bevölkerungsschichten – entgegen dem Wortlaut des Gesetzes – sogar die Auffassung vertreten wird, Suizid könne als «moralisches Recht» beansprucht werden.

Möglichkeiten und Grenzen der Suizidprävention

Das Thema Suizidprävention bleibt auch unabhängig vom ganz spezifischen Kontext der Sterbehilfe von brennender Aktualität. Es geht darum, in der *Pflicht zur Prävention* Augenmass zu zeigen und Extreme in beiden Richtungen zu vermeiden. Welches sind diese Extreme?

Das eine Extrem findet sich in der Welt der Psychiatrie, in der noch heute manche Repräsentanten die Auffassung vertreten, *jeder Suizid sei Manifestation einer Geisteskrankheit*, in der nicht ein «gesunder», sondern ein völlig verzerrter Realitätsbezug des Patienten zum Ausdruck komme. Trifft die Hypothese zu, ergibt sich daraus zumindest für Personen, die in einer helfenden Beziehung stehen, zwingend die Pflicht, die pathologische Manifestation zu verhindern. Der psychiatrische Paternalismus, der den potenziellen Suizidenten «ausserstande setzt, sich selbst zu schaden», ist aus dieser Sicht ethisch völlig gerechtfertigt. Zwangsmassnahmen werden nach Massgabe des objektiven Suizidrisikos ergriffen und orientieren sich nicht am ausdrücklichen Willen des Patienten. Den «*vernünftigen philosophischen Suizid*» – den Suizid also, den ein Individuum auf Grund von Überlegungen begeht, die als vernünftig einzustufen sind – kennt diese psychiatrische Denkschule in ihrer «Extremversion» nicht oder nur ganz verdeckt. Ebenfalls als psychisch «gestört» gelten dann manche Märtyrer oder die Kamikaze.

Das andere Extrem wird von Personen mit der Auffassung vertreten, *jeder Akt der Suizidprävention sei exzessiv*, weil ein Eingriff in die Autonomie des Individuums. Dieser Standpunkt hält einer eingehenderen Prüfung ebenfalls nicht stand. Unleugbar gibt es nämlich unter denjenigen, die ihrem Leben ein Ende bereiten wollen (sie sind von Sterbenden unbedingt zu unterscheiden), einige an einem psychischen Leiden erkrankte Personen. Ohne sich endgültig über das Wesen der Geisteskrankheit festzulegen, ohne zwischen Neurose und Psychose, Depression und Wahnsinn zu unterscheiden – wer sich professionell mit ethischen Fragen befasst, ist kein Psychiatriespezialist –, ist gleichwohl anzuerkennen, dass der Suizid in einigen Fällen auch pathologischen Ursprungs ist. Aus diesem Befund geht indes noch nicht die absolute Pflicht hervor, jeden möglichen Suizid zu verhindern, wohl aber die Pflicht, jenen Suizid zu verhindern, der eindeutig im Zusammenhang mit Geisteskrankheit oder tiefer Depression steht. Die Präventionspflicht impliziert allerdings nicht, dass jedes nur erdenkliche Mittel eingesetzt werden muss, um den Suizid zu verhindern. In der heutigen Diskussion zeichnet sich ein gewisser Konsens ab: *Physische Zwangsmassnahmen* sind abzulehnen, weil durch nichts zu rechtfertigen. Nicht zu vergessen ist dabei, dass Zwang mit der Verabreichung von Medikamenten auch eine «chemische» Form annehmen kann. Vorrang haben soll auch hier der *Grundsatz der Verhältnismässigkeit*.

Anzustreben ist mithin die moderate und nicht die bedingungslose Suizidprävention. Auf dem Spiel steht die Autonomie von Personen, die, anders als die Mehrheit der Bevölkerung, nicht die Fähigkeit haben, über sich selbst zu verfügen, die aber dennoch nicht dazu gezwungen sein sollen, um jeden Preis zu leben.

Darüber hinaus zielt die moderate, verhältnismässige Prävention auf Langfristigkeit. Deshalb muss sie in der Kindheit oder in der Adoleszenz einsetzen und nicht erst bei Anzeichen von Suizidgefährdungen im Erwachsenenalter eingreifen. Wer sät, der wird nicht in jedem Fall die Früchte seiner Arbeit sehen können – Suizidverhütung ist eine Langzeitaufgabe.

Matthias Grünewald

Der Suizid im Spiegel von Bestattungsritualen

Man kann Zeichen setzen,
ohne dass man damit etwas sagen will,
aber man kann nicht verhindern,
dass sie etwas sagen.
Hans Saner[1]

Ich versuche im Folgenden, den Suizid im Kontext von Bestattungsritualen zu sehen. Warum?

Zunächst einmal, weil unser kulturelles Gedächtnis oder gar unser kulturelles Gewissen an jener in rituellen Diffamierungsakten vollzogenen Verweigerung[2] der Bestattung von Suizidenten haftet, die Staat und Kirche in bestimmbaren vergangenen Zeiten verordneten und weil die Entschlüsselung der Hintergründe unsere möglicherweise noch aktuelle Verstrickung in sie genauer bestimmbar macht.

Weil die öffentlichen Rituale um die Bestattung Einfluss nehmen auf die Hintergründe der öffentlichen Wahrnehmung des Todes bzw. des Suizids, sie aber auch reproduzieren oder überhaupt erst wieder provozieren und so auch die öffentliche Atmosphäre für die Wahrnehmung des Suizids mitbestimmt wird.

Wenn der Suizid *im Kontext von Bestattungsritualen* wahrgenommen wird, dann ist er in diesem Zusammenhang immer schon als *ein für die Gemeinschaft gravierendes Ereignis*[3] bestimmt. Öffentliche Rituale sind in Gemeinschaften dort positioniert, wo ein für sie einschneidendes Ereignis in seinem Ausmass «definiert» und «verarbeitet» werden muss. Dies geschieht in mehrdimensionalen kommunikativen Vollzügen (rituelle Praktiken, Gesten, Deutungen, Verpflichtungen usw.), in denen sich eine Gemeinschaft ihrer Grundlagen vergewissert. Darin wird der Suizid

---

1 so auf einer Todesanzeige für einen Suizidenten
2 Das ist zu unterstreichen. Diese Verweigerung ist nicht einfach eine Lücke, sondern rituell gestaltetes «Nichts» mit dem sozialen Sinn einer Demütigung.
3 Wieweit sich umgekehrt in der Reduzierung oder gar im Absterben der ihn begleitenden öffentlichen Abschiedsrituale eine Disqualifizierung des Todes und des Suizids ausdrückt und woher dies bestimmt ist, wäre zumindest zu klären. Der Suizid scheint wie der Tod überhaupt derart ins Private abgewiesen, dass er nur in diesem Umfeld mehr als aufstört. Andererseits lässt sich über Kongresse und andere Settings eine breite Öffentlichkeit für die Todes- und Suizidthematik interessieren.

in kommunikative Akte einbezogen, die ihn selbst als eine kommunikative, interaktionelle Handlung auslegen. Diese kommunikativen Akte bewegen sich in einem heiklen Spannungsfeld, das der Theologe Kristian Fechtner im Blick auf die Gefahren so polarisiert hat: «Auf der einen Seite: Weiterreden über den Tod hinaus und d.h. eben auch: über den Toten hinweg... Auf der anderen Seite: Verstummen angesichts des Todes und sich dem Tod gleichmachen – tödliches Schweigen mithin, das dem Tod dann doch das letzte Wort lässt.»[4] Die konstruktive Bewegung in diesem Spannungsfeld kennzeichnet Fechtner in der Entfaltung dessen, was er «dem Tod begegnen» nennt. «‹Dem Tod begegnen› meint beides. Einerseits: In dem, was in und um eine Bestattung geschieht, ‹erleben› wir (die Toten, erg. M.G) und den Tod als Teil unseres Lebens. In den symbolischen Formen finden wir Ausdruck oder suchen wir Ausdruck für Empfindungen und Erfahrungen. Andererseits steckt aber auch in dieser Formulierung: Dem Tod begegnen heisst, in aktivischer Wendung, dem Tod ‹entgegenzutreten›, ihm etwas zu entgegnen und damit ihm etwas entgegenzuhalten.»[5]

Ich wende mich zunächst den rituellen Handlungen um die Bestattung von Suizidenten zu, die von der Widerstandseite her und sich auf sie fixierend die Begegnung mit dem Toten und diesem Tod dramatisiert und figuriert haben.

Rituale der Verdammung oder: Die rituelle Kommunikation der Exkommunikation des Suizidenten[6]

Verfahren: Grundlagen und Funktionen

Ich kehre mit der folgenden typisierenden und systematisierenden Beschreibung zurück in die Zeiten absolutistischer Herrschaften in Europa, in jene Zeiten also, in denen die *Tabuisierung des Suizids* auf die Spitze getrieben war. Dass der Suizid damals von Kirche und Moral als Verbrechen beurteilt, von den staatlichen Gewalten verfolgt und von den Gerichten mit unglaublicher Härte in einem gefühlsmässig kaum mehr nachvollziehbaren Ritual bestraft wurde, ist heutigem Verständnis nicht mehr unmittelbar einsichtig.

---

4 K. Fechtner, Dem Tod begegnen, 2002, 317
5 K. Fechtner, a.a.O.
6 Diese mehr typisierende und systematisierende Beschreibung ist wesentlich mitbestimmt durch die ausführlich dargestellten und ausgelegten Beispiele in: M. Schär, Seelennöte der Untertanen, 1985 und V. Lind, Selbstmord in der Frühen Neuzeit, 1999.

Aber dieser Abstand ist gesucht; von hier aus wird der Wandel bestimmbarer, Unerledigtes klarer, vor allem aber wird die Frage zugänglicher, ob und wie das, was die Tiefendimension dieses grausam praktizierten Suizidtabus ausmacht, in transformierter Weise unseren Umgang mit dem Suizid mitbestimmt.

Die kirchlichen und staatlichen Gesetze und Rechtspraktiken in absolutistischen Zeiten stützten sich auf eine *doktrinäre Gleichsetzung von Suizid und Mord*, wie sie schon Thomas v. Aquin vorbereitet hatte mit seinen 3 Argumenten, der Suizid verstosse gegen die natürliche Selbstliebe, gegen die natürliche Pflicht gegenüber der Gesellschaft und gegen das absolute Verfügungsrecht, das allein Gott über das menschliche Leben besitze. Auf diesem Hintergrund beurteilten die staatlichen und kirchlichen Gesetzgeber den *Suizid als Verbrechen*. Und bei der gesetzlichen Klassifizierung der Verbrechen wurde er zu denen gezählt, die als die schlimmsten anzusehen waren. Diese Klassifizierung bestimmte den Bezug zum Strafmass und zu den Strafpraktiken. Letztlich waren sie willkürlich, kumulierbar, territorial verschieden, auch durch Gewohnheitsrecht bestimmt. Möglich waren die Todesstrafe (vollzogen am Galgen, durch Enthauptung, Rad, Feuer oder Vierteilung, das «durch den Dreck ziehen» des Schuldigen), die Tortur, die Verstümmelung. Und ausserdem zogen Kapitalverbrechen wie der Suizid vielfach die Güterkonfiskation nach sich. Der *Schuldspruch* erging *gegen den Leichnam*, an ihm wurden die Strafen vollstreckt. Die *Bestattung* von Suizidanten war ein *Strafritual*, ein sog. *unehrenhaftes Begräbnis*, es war Sache des Scharfrichters und seiner Handlanger, die den gedemütigten Leichnam schliesslich auch abseitig oder an «Orten der Schande» zu verscharren hatten.

Es gab noch eine mildere Form der Diffamierung der Toten und Angehörigen, das sog. *«stille Begräbnis»*. Das fand ohne Glockengeläut, ohne Gesang, ohne Predigt, zur ungewöhnlichen Zeit, im Morgengrauen oder während der Abenddämmerung, statt. Die Leichen wurden in der Ecke des Friedhofs oder an einem «unachtsamen Ort» vergraben.[7] Dieses Begräbnis gewährten die Kirche und die staatlichen Instanzen den Suizidenten, bei denen sie zum Urteil gelangten, sie handelten nicht aus freiem Willen.

Deutungen

Man kann diese öffentlichen rituellen Bestattungspraktiken nochmals anders lesen, nämlich als symbolische Ausdrucksgestaltungen und Hand-

---

7 eine wohlbedachte Form der «Entlastung» durch spurloses Verschwinden-Lassen.

lungen für das Mass der Bedrohung, der befürchteten Gefahren, der Angst, des aggressiven Potentials, der spezifischen Kanalisierung der Affekte, der impliziten Ermächtigung des Suizidenten und letztlich wohl des Agitierens der Ohnmacht gegenüber dem Suizid.

Die Verweigerung des kirchlichen oder ehrenhaften Begräbnisses ist zunächst unmittelbar verstehbar als Vollzug des dem Suizidanten unterstellten willentlichen Abbruchs des Gottes- und des Gemeinschaftsbezugs. Aber sie ist nicht einfach Verweigerung, sondern rituell vollzogene Verweigerung. Es geht um den *rituellen Ausschluss* des Suizidanten aus der Gemeinschaft der Kirche und des Menschlichen überhaupt, um seine «metaphysische» Vernichtung über den Tod hinaus. Nur ein solcher Akt wurde wohl der Bedrohung gerecht, die vom Suizid auszugehen schien. Die *«Tötung» des Toten*, seine totale Vernichtung, ist der Schlusspunkt eines *rituell inszenierten, immer schon entschiedenen Machtkampfs* zwischen dem Souverän des Lebens (Gott, Staat, Gemeinschaft) und dem Suizidanten. Allerdings: In der Abwehr dessen, was als Angriff dem Suizidanten unterstellt wurde, findet auch seine hintergründige «Ermächtigung» statt. Die Machtdemonstration der Souveräne dem Suizidanten gegenüber bleibt eine nachträgliche. Er kann sein Leben verlassen, ohne dass Gott oder eine staatliche Gewalt oder irgendein anderer Souverän die Macht hätten, dagegen einzuschreiten. Und: Es könnte ja gerade die Faszination und Motivation der suizidalen Tat ausmachen, dass der Suizidale zu einem solch unmittelbaren, bedeutungsvollen Gegenüber (wenn auch als Feind) der Souveräne des Lebens wird und seine eigene Souveränität dem Leben gegenüber mit seinem Tod präsentiert.

Das Gerichtsverfahren sekundierte den rituellen Ausschluss über die *Lenkung der Affekte*. Es war, weil es dem Leichnam galt, Bestandteil des Bestattungsrituals. Es ging nicht darum, die Tat in ihrer inneren Logik zu verstehen. Es genügte, den Toten zu identifizieren und die Tat festzustellen, um sich dann selbst in einer rituellen Darstellung des Unrechts emotional von der Tat zu distanzieren. Die verdiente Strafe war der gelenkte ganze Hass und die Verachtung derer, die sich im Zustand des Rechts befanden.[8] Unter Druck gerieten die, die sich gegen die Eigengesetzlichkeit des rituellen Vorgehens in die Suizidanten hineindachten oder sich teilweise mit ihnen identifizierten. Ich verstehe diese vehemente emotionale Abwehr auch als Widerschein der empfundenen *emotionalen Gewalt, die vom Suizid «ausgeht»*.[9]

---

8 Schamlosigkeit und Gewalthaftigkeit sind nicht einfach Teil der damaligen Alltagskultur, sondern durchaus kalkuliert, situationsbezogen und mit sozialem Sinn versehen. Das ist mit Lenkung der Affekte gemeint.
9 Was als Bedrohung vom Suizid «ausgeht», ist immer auch mitbestimmt von der unterstellten Bedeutung.

Der rituelle Umgang mit dem Körper des Suizidenten bezieht seine Praktiken aus *archaischen Abwehrriten.* Zur magischen Abwehr der Totengeister wurde der Leichnam des Suizidanten verstümmelt, vorzugsweise an Wegkreuzungen gepfählt, sein Gesicht mit einem Stein beschwert, sein Herz durchbohrt. Später wurden die Leichname mittelloser Suizidanten der Anatomie übergeben. Und auch die Güterkonfiskation bekommt in diesem Zusammenhang den Sinn, den Toten endgültig zum Verschwinden zu bringen, und die Lebenden vor der gefährlichen Berührung mit ihm bzw. den Dingen, die ihn repräsentieren, zu schützen. Auch hier lässt sich wohl die Grausamkeit der Bestrafung dadurch miterklären, dass sie der nicht so leicht wegzurationalisierenden bzw. aufzuklärenden archaischen *Furcht vor dem Suizid* entspricht.

Anschlussüberlegungen

Die Tatsache, dass sich jemand vorzeitig mit brutaler und unumkehrbarer Konsequenz aus seinen Reihen entfernt, weckt tiefsitzende Ängste im mitmenschlichen und gesellschaftlichen Umfeld, weil eine solche Handlung unter bestimmten Bedingungen die gesellschaftliche Ordnung, die individuelle Stellung in dieser Ordnung und die Sinn- und Zweckhaftigkeit des gesamten Gebildes infrage stellt und das Vertrauen in die unausgesprochenen, stillen Übereinkünfte und impliziten Versprechen sozialer Lebensvollzüge stört[10]. Um die Bedrohung, die vom Suizid ausgeht, von der umgebenden Gemeinschaft fernzuhalten, werden im Zusammenhang mit Deutungsvorgängen bestimmte Handlungen und Strategien entwickelt, die einen gefahrloseren oder zumindest kalkulierbareren Umgang mit dieser Handlung ermöglichen sollen. Sie bestimmen zusammen mit den unbewusst bleibenden Verstrickungen in das suizidale Geschehen das Mass der Tabuisierung des Suizids[11].

Auf diesem Hintergrund wage ich gleich einen mutigen Sprung in die Gegenwart. Ich zeichne nun nicht die vielfältigen, teilweise widersprüchlichen Umdeutungsprozesse und veränderten Umgangsformen mit dem

10 Zu diesem Aspekt im Zusammenhang von Suizid und nomischer Strukturierung der Gesellschaft vgl. J. Ahrens, Die Geste des illegitimen Todes, 2001.
11 Die Veröffentlichungen zum professionellen präventiven Umgang mit dem Suizid zeigen deutlich, dass die eigenen Verstrickungen in Thematik und Dynamik des suizidalen Geschehens reflektiert werden. Damit werden auch wieder Aspekte wie «Machtkampf», «aggressives Potential», «Übertragungen», «Exkommunikation», «Agitieren der Ohnmacht» usw. erkennbar und strategisch bedacht. Der Gewinn dieser Überlegungen scheint mir vor allem darin zu liegen, dass die Komplexität des suizidalen Geschehens «gewürdigt», damit aber auch die Komplexität des kommunikativen Umgangs erhöht wird. Aus der Fülle von Literatur, vor allem unter systemischen Gesichtspunkten, nenne ich stellvertretend: K. Dörner, Irren ist menschlich, 2002.

Suizid im einzelnen nach, sondern konstatiere im Blick auf gegenwärtige Bestattungsrituale im Zusammenhang mit dem Suizid einen paradigmatischen Wechsel: Das Ritual der Verdammung – durch Herrschaftsakt verfügt – zielt in einem komplexen rituellen Zusammenspiel von doktrinärer Deutung, ritueller Lenkung emotionaler Gewalt gegen den Suizidanten und den Suizid in der Dramaturgie eines entschiedenen Machtkampfs auf die rituelle Vernichtung, auf das «Nichts» des Suizidanten und des Suizids, auf die endgültige Beziehungslosigkeit zum Ereignis des Suizids und zum Suizidanten.[12] Heutige Bestattungsrituale – in ihrer öffentlichen Reichweite massiv reduziert – sind keine verfügten Herrschaftsakte, sondern dem Begehren der Trauernden unterstellt. Sie eröffnen einen kommunikativen Raum für eine differenzierte Begegnung mit dem Suizidanten und dem Tod, zu der auch die Beziehung stiftende Suche nach dem gehört, was diesem Tod widersteht[13].

Gegenwärtige öffentliche Bestattungsrituale als Gestaltungen der differenzierten lebensdienlichen Verbundenheit mit den Toten

Im Folgenden beschreibe ich auf dem Hintergrund der bisherigen Ausführungen punktuell Herausforderungen, Möglichkeiten und Grenzen heutiger öffentlicher Bestattungspraxis im Blick auf den Suizid.

– Die öffentliche Bestattung von Suizidenten ist heute kein verordnetes Strafritual mehr, und es gehört auch keine Gerichtsverhandlung zu ihren rituellen Bestandteilen, aber die verinnerlichte Angst der Angehörigen ist nicht selten spürbar, dass rituelle Worte, Ansprachen, lieblose Gestaltungen, emotionale Verstrickungen, Begegnungen usw. die unheilvolle Dramaturgie eines Gerichts- und Strafrituals entfesseln könnten.
– Die heutigen öffentlichen Bestattungen sind nicht gewollte Inszenierungen eines verdammenden Ausschlusses des Suizidenten, sondern Einladungen, vielleicht mehr noch Herausforderungen zur differenzierten Anteilnahme, zu der im Kern gehört: Der Suizident ist ein Teil von uns und als solcher wird er verabschiedet. In diesem Sinne fordern öffentliche Bestattungen auch die Hinterbliebenen heraus, mit dem To-

---

12 Während die hier beschriebene rituelle Konstruktion des «Nichts» der Bedeutung des Suizids die Beziehungslosigkeit begründet zur Abwehr der Bedrohung der gesellschaftlichen Fundamente, die vom Suizid ausgeht, ist es in bestimmten existenzphilosophischen Reflexionen das «Alles» der Subjektautonomie zur Abwehr anderer Verfügungsansprüche.
13 Öffentliche Bestattungsrituale erfüllen das, was hier und im folgenden beschrieben wird, nicht automatisch, sondern erfordern entsprechende Gestaltungen.

desereignis und ihrer Trauer nicht bei sich zu bleiben, sondern in Beziehung zu anderen zu treten, Näheren und Ferneren, und sie ermöglichen den anderen in die Gemeinschaft der Betroffen einzutreten und eine angemessene Form der Trauerbekundung zu finden.

– Verstorbene werden in rituellen Handlungen, in und mit denen sie geehrt und gewürdigt werden, zu Toten, von denen wir uns beziehungsvoll verabschieden. Das reflektiert wohl die Kennzeichnung «ehrenvolle Bestattung», die Bestattungsart, die Suizidenten einst nicht zustand. Eine «ehrenvolle Bestattung» fordert dazu heraus, in einen würdigenden, in einen wertschätzenden Bezug zum Leben und Sterben des Suizidenten zu treten, ja gar einen wertschätzenden Zugang zur suizidalen Handlung zu suchen[14], was die Anerkennung des Unzugänglichen des suizidalen Geschehens und der suizidalen Tat durchaus einschliesst.

– Öffentliche Bestattungshandlungen heute behandeln die Toten durch Suizid nicht als Dinge, als desozialisierte Leichen, sondern beziehen sich auf die Trauer der Hinterbliebenen und damit auf einen Empfindungskomplex, den man mit den Ritualen der Verdammung des Suizids gerade verhindern wollte. Trauer wäre gefährlich gewesen, denn sie ist Ausdruck der Verwundbarkeit, ist in der Gefahr, in den Sog des betrauerten Todes zu geraten, weigert sich, den Tod als beziehungsloses Faktum hinzunehmen. Was der Tod bedeutet, was der Suizid in seiner unmittelbaren Wirkung auf die Mitmenschen bedeutet, erfährt man im Modus der Trauer.

– Indem sich die Bestattungshandlung auf die Trauer der Hinterbliebenen bezieht, ist sie auch verwiesen auf deren inneres Gericht, in der die Trauer um das Versäumte, um das nicht wieder gut oder ungeschehen zu Machende sich ausdrückt in Scham, Schuldgefühlen und Anklagen.

– Bestattungshandlungen und ihre Vorbereitungen sind eine anfängliche, kurze Wegstrecke im Trauerprozess. Sie können nicht alles lösen, was jetzt gerade ansteht. Schon von dort her wehren sie sich gegen Überforderung, aber gestalten, wenn es gut geht, den Schutzraum weiser Begrenzung.[15] Gegen die Erschöpfungsgefahr durch die Bedrohung des Tödlichen gewähren sie Zeit, schöpfen sie in Bezug auf den Tod eines Menschen Formen, Gesten, Handlungen, Symbolisierungen, Worte neu oder aus dem Fundus des Bewährten, nicht Zerstörbaren – als Lebenszeichen. In diesem Sinne verstehe ich sie auch als vielleicht nur kurze Unterbrechung jener suizidalen Dynamik, die das Todesopfer gefordert hat.

---

14 Was ein wertschätzender Zugang zur suizidalen Handlung für den seelsorgerlichen Umgang heisst, ist breit entwickelt und begründet in: A. Christ-Friedrich, Der verzweifelte Versuch zu ändern, 1998.

15 Insofern ist die Bestattungshandlung und ihre Vorbereitung in seelsorgerlicher Hinsicht nicht das Ende, sondern vielleicht der «Anfang» eines seelsorgerlichen Weges.

Bibliographie

Ahrens, J.: Die Geste des illegitimen Todes, München 2001

Christ-Friedrich, A.: Der verzweifelte Versuch zu ändern, Suizidales Handeln als Problem der Seelsorge, Arbeiten zur Pastoraltheologie, Bd. 34, Göttingen 1998

Dörner, K. (Hg.): Irren ist menschlich, Lehrbuch der Psychiatrie und Psychotherapie, Neuausgabe, Bonn 2002

Fechtner, K.: Dem Tod begegnen, Praktisch-theologische Erwägungen zur spätmodernen Bestattungskultur, Deutsches Pfarrerblatt 102, 2002

Lind, V.: Selbstmord in der Frühen Neuzeit, Diskurs, Lebenswelt und kultureller Wandel, Göttingen 1999

Schär, M.: Seelennöte der Untertanen, Selbstmord, Melancholie und Religion im Alten Zürich, 1500–1800, Zürich 1985

Hans Saner

GIBT ES EINE FREIHEIT ZUM TODE?

Der algerische Dichter Albert Camus hat seinen berühmtem Essay «Der Mythos von Sisyphos» mit den Sätzen eingeleitet: «Il n'y a qu'un problème philosophique vraiment sérieux: c'est le suicide. Juger que la vie vaut ou ne vaut pas la peine d'être véque, c'est répondre à la question fondamentale de la philosophie. Le reste, si le monde a trois dimensions, si l'esprit a neuf ou douze catégories, vient ensuite. Ce sont des jeux; il faut d'abord répondre.»[1] (Es gibt nur ein wirklich ernstes philosophisches Problem: das ist die Selbsttötung. Zu urteilen, ob das Leben der Mühe wert ist, gelebt zu werden, oder nicht, bedeutet die Grundfrage der Philosophie zu beantworten. Alles übrige, ob die Welt drei Dimensionen habe und der Geist neun oder zwölf Kategorien, kommt danach. Das sind Spielereien; zuerst heisst es Antwort geben.) Auf diese existentielle Grundfrage, ob es sich lohne zu leben oder nicht, haben die Philosophen zu allen Zeiten geantwortet. Aber eine unité de doctrine hat sich höchstens vorübergehend durchgesetzt, so etwa im Mittelalter, jedoch niemals auf Dauer. Wie bei anderen existentiell relevanten Fragen, etwa beim Schwangerschaftsabbruch oder bei der Sterbehilfe, zeigt sich etwas Merkwürdiges: Das Gewissen findet gerade bei ihnen keine universal anerkannten Antworten. Je relevanter die Frage, umso umstrittener die Antworten – jedenfalls immer dann, wenn es um ein Handeln geht, von dem wir annehmen, dass es in der Freiheit der Menschen liege, dass wir es also tun oder lassen können. Nur bei Handlungen dieser Art versuchen wir ethisch zu begründen, ob sie geboten, verboten oder erlaubt seien. Im Hinblick auf die Selbsttötung geht es überwiegend um die Fragen, ob sie ethisch schlechthin oder unter Umständen verboten oder erlaubt sei, aber nur selten um die Frage, ob sie unter Umständen auch geboten sei, ob es also auch eine Pflicht zur Selbsttötung geben könne.

Warum gibt es in so relevanten Fragen keine allgemein anerkannte ethische Lehrmeinung? Die Antwort erstaunt nur beim ersten Hinhören: Weil die Ethiker ihre Antworten begründen müssen. Fragen begründend zu beantworten heisst: sie, die Fragen und die Antworten, in einen Zusammenhang mit Grundwerten zu bringen, die man für so wesentlich hält, dass ihnen die entscheidenden Begründungsfunktionen zugedacht werden. Nun scheint es aber so zu sein, dass die Philosophinnen und Philoso-

---

1 A. Camus, 1942, 15

phen im Besonderen und die Menschheit im Allgemeinen nicht eine Wertegemeinschaft sind, sondern dass sie, kulturbedingt, schulbedingt oder aus individuellen Präferenzen, auf unterschiedliche Grundwerte setzen und deshalb unterschiedliche Antworten mit unterschiedlichen Begründungen geben. Die eine universale Ethik gehört, mit Jean François Lyotard gesprochen, in das Reich der Metaerzählungen, an die wir den Glauben verloren haben.

Am besten lässt sich in einem Gedankenspiel auf die Differenzen aufmerksam machen. Wir wollen dabei einige unterschiedliche Annahmen treffen. Fürs erste soll unser Grundwert ein Gott sein, der der alleinige legitime Herr über Leben und Tod ist, dann die Gemeinschaft, die ein legitimes Interesse an ihren Mitgliedern hat, und schliesslich das Individuum, verstanden a) als Natur und b) als Freiheit, das zu seinem Recht kommen möchte. Immer wird dabei die Frage sein: Inwiefern lässt sich aus diesen Leitwerten die Selbsttötung verbieten, erlauben oder gar gebieten? Das Experiment aber will ich mit einem Bekenntnis abschliessen, das sagt, wie ich es in diesen Fragen halte.

Nehmen wir also als erstes an, unser Leitwert sei ein Gott, an dessen Existenz wir glauben. Er sei der alleinige legitime Herr über Leben und Tod, die schlechthinnige Macht, die uns das Leben geschenkt hat und die es uns jederzeit wieder nehmen kann und auch weiss, wann sie es uns nehmen wird. Wer so glaubt, muss in erster Konsequenz denken, dass die Selbsttötung absolut unerlaubt ist, weil sie in das Verfügungsrecht Gottes eingreift. So hat zum Beispiel Thomas von Aquin gedacht[2] und viele christliche Philosophen mit ihm. Heiklere Probleme aber zeigen sich, sobald der Fromme in seiner Frömmigkeit weiterdenkt: Könnte es denn nicht auch einen göttlichen Befehl zur Selbsttötung geben?

Augustinus hat diese Frage gestellt[3]. Könnte der Gott nicht ein Zeichen schicken, mit dem er anzeigt, dass ein Mensch sich nun das Leben nehmen darf? Gewisse antike Philosophen, unter ihnen Seneca[4] haben zum Beispiel den Einbruch einer schweren Krankheit so gelesen und waren dann der Meinung, dass der so Befallene nun freiwillig sterben sollte. Oder könnte der Gott einen Menschen nicht in die Notwendigkeit versetzen, in der er sich umbringen muss? Platon scheint den Tod des Sokrates so gedeutet zu haben, nachdem dieser die mögliche Flucht ausgeschlagen und insofern den gewaltsamen Tod aus freien Stücken angenommen hatte.[5] Und schliesslich: Kann ein Mensch überhaupt dem Gott, der doch die Allmacht schlechthin ist, zuwiderhandeln? Etwa Geulincx, ein niederlän-

---

2 Thomas von Aquin, 64,5
3 Augustinus, 26
4 Seneca, I, 12; III, 5; VI, 7; VIII, 1; IX, 4
5 Platon (a), 62, b-c

discher Philosoph des 17. Jahrhunderts, hätte gesagt: Das kann er gar nicht; es gibt überhaupt keine «menschliche Aktion».[6] Was immer geschehen mag: es transzendiert bereits den Menschen. – Aus all dem zeigt sich: Nur wenn die religiöse Hypothese einfacher Art ist, ergibt sich ein eindeutiges Verbot des freiwilligen Todes. Wird das religiöse Denken aber dialektischer und freier, ist es um die Eindeutigkeit und Einfachheit der Normen geschehen. Das Verbot kann dann unter Umständen zu einer Erlaubnis, ja zu einem Gebot werden.

Wir wollen nun zweitens annehmen, dass der ethische Zentralwert die Gemeinschaft sei. Diese hat ein legitimes Interesse am Dasein ihrer Mitglieder, weil sie ihr in unterschiedlicher Weise nützlich sind, und jedes Mitglied ist ihr in mannigfacher Weise verpflichtet, weil es von ihr auch vielfachen Nutzen hat. – Wiederum ist die erste Konsequenz, dass die Selbsttötung unerlaubt ist, und zwar nun im Interesse Aller. So etwa hat Aristoteles gedacht.[7] Die Gesellschaft kann entweder ein direktes Verbot in ihre Gesetze aufnehmen oder auf indirekte Weise ihr Interesse am Leben der Bürger und Bürgerinnen und der nachkommenden Generationen bezeugen. Sobald man aber an das konkrete Leben einer Gemeinschaft oder Gesellschaft denkt, ergeben sich Probleme über Probleme: Wie soll eine Gesellschaft, die den Freitod verbietet, mit den Mitgliedern umgehen, denen der Versuch missglückt ist? Soll sie diese nun auch noch bestrafen? Und wen soll sie im Fall des Gelingens bestrafen? Die Toten, indem sie ihnen, wie Platon vorgeschlagen hat, ein Grab verwehrt?[8] Oder gar die Angehörigen? Und wie soll sie sich verhalten, wenn gewisse Mitglieder keinen Nutzen mehr erbringen, sondern ihr zur Last fallen? Müsste die Selbsttötung dann nicht im Interesse der Gesellschaft erlaubt werden? Muss nicht jede soziale Verpflichtung zum Leben an ein Ende kommen, wenn das individuelle Leben unerträglich wird? Hume hat so gefragt und radikal im Sinn der Entpflichtung geantwortet.[9] – Nur wer politisch abstrakt denkt, kann eine einfache Lösung anbieten und durchhalten, eine Lösung, die allein dem Gemeinwesen ein Verfügungsrecht über Leben und Tod einräumt. Das konkrete Leben in einer Gemeinschaft aber erträgt vor allem eines nicht: eine soziale Dogmatik in existentiellen Fragen.

Schliesslich wollen wir annehmen, der Zentralwert der ethischen Reflexion über die Selbsttötung sei das Individuum, das als Natur und als Freiheit zu seinem Recht und seinem Glück kommen möchte. – Als Natur aber käme der Mensch zu seinem Recht, wenn er, wie alle Natur, nach

---

6 Geulincx, 1893, 9ff., besonders 38ff.
7 Aristoteles, 1116 a; 1138 a; 1166 b
8 Platon (b), 873
9 Hume, 1905, 145-156

dem strebt, was sein Sein erhält und diesem nützt. Für Thomas von Aquin sind die Selbsterhaltung und die Selbstliebe die beiden natürlichen Tugenden, gegen die der Suizid verstösst und deshalb auch naturrechtlich unerlaubt ist.[10] Am schärfsten aber reflektiert in dieser Richtung Spinoza. Der Lehrsatz 20 im vierten Teil seiner «Ethik» lautet: «Je mehr einer danach strebt und je mehr er dazu imstande ist, seinen Nutzen zu suchen, das heisst sein Sein zu erhalten, desto mehr ist er mit Tugend begabt; und umgekehrt, insofern er seinen Nutzen, das heisst sein Sein zu erhalten unterlässt, sofern ist er ohnmächtig.»[11] Daraus folgt zwingend, «dass die Selbstmörder ohnmächtigen Gemüts sind und den äusseren Ursachen, die sich ihrer Natur entgegensetzen, völlig erliegen»[12]. Wie immer die Umstände eines Suizids auch sein mögen: «Niemand ... nimmt sich das Leben infolge der Notwendigkeit seiner Natur.»[13] Und wenn ihn andere – wie es bei Seneca der Fall war – dazu zwingen können, dann ist er eben «ohnmächtigen Gemüts». Die Natur, die wir auch sind, so bedeutet das, ist primär, nein: ausschliesslich am Leben und seiner Erhaltung interessiert, und alles, was wir Glück nennen, ist das Gelingen in diesem Bemühen. – Das ist eine merkwürdige Sicht: als ob es die leidende und sterbende Natur und Kreatur nicht gäbe und als ob der Mensch sich radikal konzentrisch zur übrigen Natur verhielte und in ihrem Reich nicht der Exzentriker wäre.

Der Exzentriker aber ist er als Freiheit. Als Freiheit kann er nicht allein seinen Bedürfnissen entsprechend begehren, sondern darüber hinaus auch wollen – und selbst das wollen, was der Erhaltung seines Lebens widerspricht. Er kann sterben wollen, und er kann sich das Leben nehmen, sei es aus Not, aus Übersättigung, aus Askese, aus Aufopferung oder aus reiflicher Überlegung. Zwar wurde er zum Leben gezwungen, weil er ja nicht gefragt werden konnte, ob er leben möchte. Aber am Leben bleiben muss er nicht. Und er ist vielleicht die einzige Gattung, die dieses Privileg hat. Insofern ist der Suizid der Fels seiner Freiheit. Er ist allerdings eine Freiheit, die uns alle künftige Freiheit nimmt – und dies ist ihr Widerspruch. – Seit der Stoa hat es immer wieder Philosophen gegeben, die in der Möglichkeit der Selbsttötung auch eine Garantie der menschlichen Würde gesehen haben. Denn dass man sich den Tod geben kann, bedeutet auch, dass man nicht alles ertragen muss, was die Natur oder das Leben uns zumutet. Man kann den Tod in Würde wählen, wenn man dies will. Es gibt eine Freiheit zum Tode.

---

10 Thomas von Aquin, 64,5
11 Spinoza, 1955, IV. Teil, Lehrsatz 20
12 a.a.O., Anmerkung zu Lehrsatz 18
13 a.a.O., Anmerkung zu Lehrsatz 20

Dieser Apologie der Selbsttötung muss man allerdings sogleich einen starken Einwand Kants entgegenhalten. Kant, der Philosoph der autonomen Sittlichkeit, hat gerade aus diesem Prinzip der Autonomie geschlossen, dass der Selbstmord schlechthin unerlaubt sei. Denn wer sich umbringt, «zernichtet» damit auch «das Subjekt der Sittlichkeit in seiner eigenen Person», und das ist ebenso viel «als die Sittlichkeit selbst ihrer Existenz nach»[14] zu vernichten. Kants Einwand ist vielleicht das klügste Argument gegen die «Freiheit zum Tode» oder eben gegen eine Philosophie, die in der Möglichkeit der Selbsttötung eine Sicherung von Freiheit und menschlicher Würde erblickt. – Sobald wir also das Individuum zum Zentralwert der ethischen Reflexion machen, geraten die Argumente vollends in Widerstreit und Unvereinbarkeit. Man muss sich dann als Individuum entscheiden, worin man Wahrheit sehen und annehmen will und worin nicht. Eben deshalb hat das Bekenntnis zur Wahl in ethischen Belangen einen Sinn.

Dieses Bekenntnis will ich zum Schluss ablegen: Ich halte das Recht auf Selbsttötung für ein Grundrecht der Freiheit. Es scheint in Kollision zu stehen mit dem anderen Grundrecht auf Leben. Aber aus dem Recht auf Leben kann niemals auf eine Pflicht zum Leben eines Dritten geschlossen werden, so wie das Recht auf Selbsttötung niemals ein Recht auf Tötung eines anderen in sich schliesst. Die beiden Rechte stehen also unabhängig nebeneinander und bedeuten gemeinsam: Kein Dritter kann mich zum Weiterleben verpflichten, wenn ich sterben möchte, und kein Dritter hat ein Recht, mich zu töten, wenn ich am Leben bleiben möchte. In dieser Kollision ist übrigens neulich dem Europäischen Gerichtshof ein verhängnisvolles Fehlurteil aus mangelndem Unterscheidungsvermögen unterlaufen: Es hat eine Tötung auf Verlangen mit der Begründung abgelehnt, dass das Recht auf Leben ein höheres Grundrecht sei als das Recht auf einen würdigen Tod.

Mein Freiheitsrecht auf Selbsttötung kann ethisch nur eingegrenzt werden durch die Frage, ob jemand darunter zu leiden haben wird, falls ich mich umbringe. Ethisch und nicht grundrechtlich denke ich also, dass zum Beispiel eine Mutter, die kleine Kinder hat, oder ein Vater, der eine Familie ernährt, von ihrem Grundrecht keinen Gebrauch machen sollten, weil darunter eine Familie, der sie verpflichtet sind, zu leiden haben wird. Diese ethische Eingrenzung hebt aber das Grundrecht nicht auf. In der Extremsituation entscheidet vielmehr dieses.

Wenn es aber ein irreduzibles Recht auf einen freien Tod gibt, fragt es sich, ob es nicht auch ein Recht auf Beihilfe zu einem freien Tod geben müsste. Diese Frage ist am meisten umstritten. Ich glaube, dass es ein sol-

---

14 Kant, Par. 6

ches Recht, aber nicht eine Pflicht zur Beihilfe geben sollte, das allerdings niemals zu einem Recht eines Dritten verkommen darf, über Leben und Tod eines Menschen zu entscheiden, sondern wirklich nur Beihilfe auf Verlangen eines in Not geratenen Menschen ist, der ein Recht darauf hat, in Würde zu sterben. – Soweit das Bekenntnis in einer Frage, in der es (noch) keinen gesellschaftlichen Konsens gibt.

Bibliographie

Aristoteles: Nikomachische Ethik
Augustinus: De civitate Dei I
Camus, Albert: Le mythe de Sisyphe, Paris 1942
Geulincx, Arnoldus: De virtute et primis ejus proprietatibus, quae vulgo virtutes cardinales vocantur. Opera philosophica III, von Land, J.P.N. (Hg.), Den Haag 1893
Hume, David: Dialoge über natürliche Religion. Ueber Selbstmord und Unsterblichkeit der Seele. Uebersetzt und eingeleitet von von Fr. Paulsen, Leipzig (Philosophische Bibliothek Bd. 36) 1905
Kant: Metaphysische Anfangsgründe der Tugendlehre
Platon (a): Gesetze
Platon (b): Phaidon
Seneca: Briefe an Lucilius
Spinoza: Die Ethik nach geometrischer Methode dargestellt, Uebersetzung, Anmerkungen und Register von O. Baensch, Hamburg (Philosphische Bibliothek Bd. 92) 1955
Thomas von Aquin: Summa theologiae II-II

Hugues Poltier

Kollektive Verantwortung aus ethischer Sicht

> *Im Anfang ist die Beziehung ..*
> *Gegenwart ... die wirkliche und erfüllte, gibt*
> *es nur insofern, als es Gegenwärtigkeit,*
> *Begegnung, Beziehung gibt. Nur dadurch,*
> *dass das Du gegenwärtig wird, entsteht*
> *Gegenwart.*
> *Martin Buber[1]*

Die folgenden Ausführungen enthalten zwei klar unterschiedene Teile. In einem ersten Schritt versuche ich, die Position der Ethik zu klären. Das mag seltsam klingen, besetzt doch der ethische Diskurs in der Öffentlichkeit heute einen signifikanten Ort. Dennoch weiss dieser Diskurs oft gar nicht, aus welchen Quellen er schöpft, und trägt deshalb häufig wenig zur Klärung, dafür umso mehr zur Schuldzuweisung bei: Er spricht wie aus höherer Warte. Ist der der Ethik eigene Ort einmal geklärt, konfrontiere ich in einem zweiten Schritt die gewonnenen Einsichten mit der Frage, welche Verantwortung die Gesellschaft gegenüber suizidgefährdeten Personen wahrzunehmen hat.

Die Position der Ethik

Kennzeichnend für die Ethik als akademische Disziplin in der heutigen Zeit sind Pluralität und Diskrepanz der ethischen Diskurse. In der Ethik stehen sich heute, grob gesagt, drei Positionen gegenüber: Aristotelismus, kantische Deonotologie (Pflichtethik) und Utilitarismus. Da sie alle letztgültige Thesen über Sinn und Endzweck menschlichen Daseins aufstellen – Thesen, die als Thesen nicht Beweismittel sind –, sind die Kontroversen zwischen den verschiedenen Denkschulen endlos. Ein kurzer Blick auf die ethische Literatur der Gegenwart zeigt, welch breiten Raum diese Kontroversen einnehmen.

Daraus muss man folgern, der Anspruch, die Kontroverse beenden zu wollen, sei wenig hilfreich, ja vergeblich. Was bleibt, ist die Einsicht, dass niemand – weder in der Ethik noch in anderen Bereichen – über ein jedes

---

1 M. Buber, Ich und Du, 1923, 36 und 19

63

andere mögliche Wissen überragendes Wissen verfügt und dass folglich die Pluralität der ethischen Diskurse ein konstitutives Moment der Moderne ist.

Die folgenden Ausführungen über die Position der Ethik erheben konsequenterweise keinerlei Anspruch, diesen Widerstreit zu beenden. Vielmehr geht es darum, diesseits der kontroversen theoretischen Denkgebäude auf die lebendige Quelle der Ethik in unserer Existenz zurückzukommen. Anders gesagt: Hinter meinen Ausführungen steht die Überzeugung, dass diese Ethiken *als* Theorien über alles Trennende hinweg ihr Fundament in einer ihnen gemeinsamen ethischen Verfasstheit haben, die sie aber unterschiedlich interpretieren. Um es nochmals zu verdeutlichen: Diese Theorien sind der Ethik weder äusserlich noch fremd; vielmehr formalisieren sie in einem Klärungs- und Hierarchisierungsprozess unsere moralischen Intuitionen. Somit stellen sie das Instrumentarium bereit, mit dessen Hilfe wir die unter uns herrschenden Konflikte erst einmal offen legen und anschliessend unsere Differenzen wie auch den möglichen Lösungsweg klären können. Die verschiedenen Theorien sind der Ethik deshalb nicht fremd und deshalb nicht nutzlos, weil sie aus dem hervorgehen, was ich den «Quellpunkt» *(position-source)* der Ethik nenne. Ihr Ungenügen hingegen rührt daher, dass sie diesen Quellpunkt in ihre Überlegungen nicht einbeziehen – leitend ist nämlich meist die Frage nach Operationalität und Formalisierung und weit weniger die Rückbesinnung auf Quelle und Sinn des Ethischen in der menschlichen Existenz überhaupt. Mit anderen Worten: Wollen wir diesen Dialog wieder aufnehmen und uns damit erneut die Möglichkeit kollektiven ethischen Nachdenkens über die uns bedrängenden Probleme erschliessen, dann scheint es mir unabdingbar, auf jenen gemeinsamen Grund zurückzukommen, aus dem die verschiedenen Theorien hervorgehen.

> *Zwischen Ich und Du steht kein Zweck, keine*
> *Gier und keine Vorwegnahme ... Alles*
> *Mittel ist Hindernis. Nur wo alles Mittel*
> *zerfallen ist, geschieht die Begegnung ...*
> *Die Begegnungen ordnen sich nicht zur*
> *Welt, aber jede ist dir ein Zeichen der*
> *Weltordnung.*
> *Martin Buber*[2]

Die von mir gesuchte Position – ich nenne sie Quellpunkt der Ethik – ist nicht eine alles andere überragende Position, von der aus die «wahren»

---

2 M. Buber, Ich und Du, 1929, 18–19 und 41

Werte deklariert oder die «wahren» Normen abgeleitet werden könnten. Sie ist weder ein uns transzendierendes Ausserhalb, werde es nun Gott oder Vernunft genannt, noch irgendeine andere uns voraufgehende oder äusserliche Instanz. Zwar leugne ich nicht, dass der ethische Diskurs diese Form annehmen kann. Doch gerade dann, wenn er das tut, hat er sich bereits von jenem Quellpunkt gelöst und dabei – wirklich oder angeblich – vergessen, dass er ihm seine Existenz verdankt.

Ich will kurz auf die unmittelbare Quelle der Ethik im Zentrum unseres In-der-Welt-Sein-mit-Anderen[3] zurückkommen, auf diese unserem In-der-Welt-Sein immanente Quelle, die jeder Theoretisierung und jedem Versuch voraufgeht, die sorgfältig hierarchisierten und miteinander verknüpften Werte und Normen durchzugestalten und zu ordnen. Denn, und das ist in meinen Augen grundlegend, wir Menschen sind konstitutiv ethische Wesen. Damit will ich sagen, es sei für den Menschen konstitutiv, ethisch zu sein – und dies vor jeder Theoretisierung, jeder Überlegung, jedem philosophischen Konstrukt oder Entwurf. Um jeglichem Missverständnis vorzubeugen, sei betont, dass mit dem Satz, für den Menschen sei die ethische Dimension konstitutiv, selbstverständlich nicht der Anspruch erhoben wird, der Mensch handle in jedem Fall ethisch – was das bedeutet, wird sich im Folgenden zeigen. Wir alle wissen, dass die Menschheitsgeschichte von Gräueltaten gesäumt ist. Mit dem Satz will ich lediglich sagen, Ethik, als Sorge und als Orientierung, sei nicht etwas, was durch Sitten, Erziehung oder auch Verkündigung von aussen an den Menschen herangetragen werde. Um eine paradoxe Formel zu gebrauchen: Gerade weil wir ethische Wesen sind, können wir – ja müssen wir unvermeidlich – gegen die Ethik verstossen.

Worin nun besteht dieser Quellpunkt, den ich der Einfachheit halber auch «Metaposition»[4] nennen werde?

Diese Metaposition besteht in Folgendem: Mit dem In-Erscheinung-Treten des Anderen in meinem Erfahrungsfeld – wobei mit dem Anderen hier in erster Linie mein menschliches Gegenüber gemeint ist – ereignet sich etwas, was ich mangels eines besseren Ausdrucks einen «Anruf» (*in-*

---

3 Meine Anregungen beziehe ich hier hauptsächlich aus dem Werk «Ich und Du» (1923) von M. Buber. Eine Grundlage meines Denkens ist auch Spinoza, namentlich dessen Ethik. Für einen hilfreichen Zugang zu Spinozas Denken vgl. R. Misrahi, La signification de l'éthique, 1995. Vgl. auch E. Lévinas, Ethik und Unendliches, 1982, sowie P. Ricœur, Das Selbst als ein Anderer, 1996 (bes. die Siebte bis Neunte Abhandlung; sie bilden das, was Ricœur seine «kleine Ethik» nennt).

4 Als «Metaposition» bezeichne ich diese Position deshalb, weil sie keine Lehre, keine ethische «Theorie» ist, sondern die Bedingung der Möglichkeit dazu. Das bedeutet auch, dass ich mich im Folgenden wesentlich damit beschäftige, den Gehalt dieser «Metaposition» zu klären. Das wiederum heisst, dass jede ethische Theorie implizit oder explizit auf die eine oder andere Weise versucht, diese «Metaposition» herauszubilden und zu formalisieren. Mein Dank gilt Gérard Salem, dessen Beitrag in diesem Punkt entscheidend war.

terpellation) nenne. Mit dem Begriff Anruf soll angedeutet sein, dass ich, so oder so, darauf nicht *nicht* antworten kann: Was tue ich, wenn ein Anderer in mein Erfahrungsfeld eintritt? Diskutieren, verhandeln, mich schlagen, mich zurückziehen, mich verstecken ...? Kurz, sobald Menschen gemeinsam gegenwärtig sind, entsteht Beziehung. *Nicht* «in-Beziehung-treten», wie man sagt, ist eine mögliche Antwort auf diese Ursituation des In-Beziehung-Seins, die schon durch das schlichte gemeinsam Gegenwärtig-Sein gegeben ist.

Dies ist also die Metaposition, nämlich das schlichte Faktum der Beziehung als Milieu, in dem ich von vornherein mir selbst als in-Beziehung-sein-mit-den-Anderen gegeben bin. Nicht nur ist sie dieses Milieu, sondern ich kann mich ihr auch nicht entziehen. Das wiederum bedeutet, dass ich mich nicht ausserhalb dieses Milieus situieren kann. In diesem Sinn ist jede von mir vollzogene Handlung, jede Geste in den Körper dieser Beziehung eingeschrieben, so dass mein Handeln zwangsläufig Antwort, Äusserung einer Antwort ist, und heisse sie Vermeidung oder gar Verleugnung.

In diesem Horizont ist *ethische Haltung* eine spezifische Beziehung auf das hin, was die Materie der Ethik ausmacht, nämlich das Ursprungsfaktum der Beziehung und des ihr innewohnenden Anrufs. Kennzeichnend für diese Haltung ist, dass sie gewissenspflichtige Beziehungstreue ist und sein will. Genauer, sie ist Treue zum Anruf (*fidélité à l'interpellation*), zu dessen spezifischem Gehalt, der im Moment (*kairos*) der Beziehung zum Anderen sich mir ergibt. Dann bin ich diesem Anderen verpflichtet, und zwar aus dem einfachen und hinreichenden Grund, dass er in mein Erfahrungsfeld eingetreten ist. Ethische Haltung als Treue zu diesem Anruf ist dann vor allem anderen Aufmerksamkeit für die einzigartige Beziehung, die dank der Begegnung von *Ich* und *Du* entsteht. Sie ist Aufmerksamkeit für das, was sich in dieser Beziehung als Bedürfnis und/oder Begehren nach dem Anderen enthüllt. Sie ist schliesslich Sorge, angemessen darauf zu antworten: entsprechend den mit dieser *Ich-Du*-Beziehung sich eröffnenden Möglichkeiten, in der Achtung des Du und des Ich, in der Achtung dessen auch, was sich zwischen uns abspielt, uns übersteigt und umgreift.

Im Lichte des bisher Gesagten wird deutlich, dass wir über ein ganz einfaches «Kriterium» verfügen: Ethische Haltung ist Treue zu diesem Anruf, den die Beziehung bildet, und sie wird sich deshalb auch als Sorge um die Beziehung entfalten. Ihm treu ist alles, was zu der Beziehung beiträgt, d. h. alles, was ihr förderlich ist, insofern sie alles verbindet und zugleich die in ihr eingebundenen Wesen getrennt hält. Ihm treu ist aber auch alles, was die Beziehung ermöglicht und fördert. Im Gegensatz dazu ist alles, was der Beziehung schadet, was sie bremst und blockiert, dem ethischen Anruf gegenüber als untreu zu betrachten.

Diesem Anruf gegenüber als untreu zu bezeichnen ist mithin jedes Aufnötigen eines Wertes oder einer Norm, sofern solche Gesten Versuche sind, sich den Anderen einzuverleiben, ihn zu assimilieren, ihn zu unterwerfen; untreu auch insofern, als der Handelnde mit solchen Gesten eigentlich darauf abzielt, das der Beziehung innewohnende Risiko des drohenden Verlusts seiner Herrschaftsposition zu bannen. Damit ist gesagt, dass die Beziehung ein Ereignis ist, das uns der Subjektposition enthebt. Sie ereignet sich in der Begegnung, sie ist das, was zwischen dem Ich und dem Du, zwischen dem Du und dem Ich geschieht; sie ist schliesslich jener Raum, der uns umgreift, in dem wir gefangen sind, ohne dass wir ihn beherrschten oder zu beherrschen vermöchten. Das wäre dann letztlich der Sinn des Heiligen oder des Spirituellen: die Anerkennung dessen, was sich im «Raum der Beziehung» Herrschaft eines jeden unwiderruflich entzieht. Erst im Lichte dieser Erklärungen können wir den tieferen Sinn der Untreue gegenüber der Ethik verstehen: Sie ist zentral die Art und Weise, den *kairos* der Beziehung zu negieren oder, präziser, zu bannen – insofern dieser *kairos* Träger jener dezentrierenden Kraft ist, die mir die Herrschaftsposition verbietet. Die Geste des Aufnötigens ist letztlich nichts anderes als das Bemühen, den Anderen an sich zu bringen, um so der Enthebung von der Subjektposition zu entgehen. Eine Beobachtung soll die Richtigkeit dieser Bemerkung verdeutlichen: Als Reaktion auf unsere Gesten des Aufnötigens kommt uns vom Anderen häufig offener oder verdeckter Widerstand entgegen, und zwar genau deshalb, weil unser Gegenüber gewahr wird, dass wir der Beziehung zu entgehen suchen und uns in eine Herrschafts-,Macht-oder Wissensposition flüchten, aus der verdrängt zu werden wir befürchten.

Suizid und Verantwortung

Die Erfüllung dieses Sinns und dieser Bestimmung
[nämlich dass das Gegenständliche zur Gegenwart entbrennt]
wird von dem Menschen vereitelt, der sich mit
der Eswelt als einer zu erfahrenden und zu
gebrauchenden abgefunden hat und nun das in
ihr Eingebundene, statt es zu lösen, niederhält,
statt ihm zuzublicken, beobachtet, statt es zu
empfangen, verwertet.
Martin Buber[5]

Auf diesem Verstehenshintergrund wende ich mich nun der Frage zu, die der Suizid eines Menschen uns stellt. Ich sage bewusst: Die Frage, die dieses Ereignis *uns* stellt. Denn Suizid ist ein Ereignis, das *uns* geschieht – nicht nur der Person, die sich den Tod gibt. Dass dem so ist, zeigt sich in der Verleugnung, im Bedürfnis, mit unseren Erklärungen die suizidale Handlung auf die Dimension einer partikulären Geste zu reduzieren, die ihre Ursache in der Besonderheit einer individuellen Pathologie hat, an der wir keinerlei Anteil haben: er/sie «war verrückt», «depressiv», «kam mit dem Leben nicht zurecht» usw. Es zeigt sich auch in der Tabuisierung des Suizids. Deutlicher gesagt: in unseren Schwierigkeiten, unsere Emotionen in Worte zu fassen, was wiederum ein Zeichen unseres latenten Schuldgefühls ist.

Genau hier ist die Frage nach unserer Verantwortung verortet.

Wenn das Ereignis *uns* geschieht, sind wir aufgefordert, darauf zu antworten. Wir befinden uns gewissermassen in der Lage Kains, der, nachdem er seinen Bruder Abel ermordet hatte, von Gott aufgerufen (*interpeller*) wurde: «Kain, wo ist dein Bruder? ... Was hast du getan?» Genau diese Frage bedrängt uns nach einem Suizidereignis: Was haben wir mit ihm, mit ihr getan und, allgemeiner, was haben wir mit der uns gemeinsamen Menschenwelt getan, dass dieser Mensch beschliesst, endgültig und ganz plötzlich aus ihr zu scheiden? Denn in unserem Herzen wissen wir sehr wohl, dass der Suizident mit seiner Geste eine Botschaft an uns richtet, etwa im Sinne von: «Diese Welt ist zu hart und zu taub. Meine Hilferufe sind nur auf eure Gleichgültigkeit oder Ohnmacht gestossen.» Oder: «Ihr habt mich auf meine Eigenverantwortung zurückgeworfen und euch geweigert, an meinem Leiden teilzuhaben. Vielleicht ist es mir nicht gelungen, mir Gehör zu verschaffen. Ihr aber habt ausgesprochen *taub* auf den Sinn meines Schweigens oder meiner Zurückhaltung reagiert. *Ich vermag*

---

5 M. Buber, Ich und Du, 1923, 50

dieses Leiden nicht länger allein zu ertragen – eure Energie, die ihr darauf verwendet habt, nicht zu sehen, nicht zu hören, nicht darüber zu sprechen, was zwischen uns, in unserer Mitte war.»

Was ist damit gemeint? Diese Botschaft sagt uns, dass der Suizid eines Menschen nicht die Geste eines Individuums ist – dieses Individuum wäre dann eine in sich geschlossene Erklärungsgrösse, –, sondern eher die Geste einer Singularität, das heisst einer singulären Existenz, die in einem unablässigen *Austausch* mit den übrigen Singularitäten in dieser Welt zu dem wird und geworden ist, was sie ist; die Botschaft sagt uns auch, dass der Suizid ein singuläres Ereignis ist, das ebenfalls Teil dieses beziehungsvollen Austausches ist, obwohl es diesen unterbricht.

Mit anderen Worten: Der Ort der Pathologie ist nicht so sehr das Individuum als vielmehr die Form des Austausches zwischen den Menschen. Genau darauf spielt Paul Watzlawick an, wenn er in seinem Werk «Menschliche Kommunikation»[6] die These vertritt, wer Prügelknabe sei, sei es nicht aus ihm innerlichen Gründen, sondern wegen des vorhandenen Beziehungssystems, das gewissermassen diesen Ort und diese Funktion erfordere.

Erst wenn wir den Suizid als das verstehen, was sich im Austausch der Lebenden ereignet und was von der Unerträglichkeit seiner Form im Hier und Jetzt zeugt – erst dann sind wir in der Lage, die Frage nach der Verantwortung angemessen zu stellen.

Individuelle oder kollektive Verantwortung?

> *Zentriert eine Kultur nicht mehr im*
> *lebendigen, unablässig erneuerten*
> *Beziehungsvorgang, dann erstarrt sie zur*
> *Eswelt, die nur noch eruptiv von Weile zu*
> *Weile die glühenden Taten vereinsamter*
> *Geister durchbrechen.*
> *Martin Buber[7]*

Bereits die bisherigen Überlegungen haben deutlich gemacht, dass wir die Frage nach der Verantwortung nicht in Form der klassischen Alternative von individueller und kollektiver Verantwortung stellen können. Wie könnte man denn auch dem leidenden und suizidalen Individuum die Ver-

---

6 Zu diesem Punkt vgl. Abschnitt 4.44 «Die Familie als System», in P. Watzlawick u.a., Menschliche Kommunikation, 1967, 128–137
7 M. Buber, Ich und Du, 1923, 66–67

antwortung für die Form des Austausches zwischen uns überbürden, dieser von Schweigen, Leidensverleugnung und Zurückgeworfensein auf sich selbst («das ist dein Problem») beherrschten Form? Doch wie könnte man umgekehrt der Gemeinschaft als juristischer Person die Verantwortung für diese Form überbürden? Ist es denn Aufgabe des Staates, unseren Beziehungen eine Form zu verleihen und uns diese aufzuzwingen? Einmal mehr: Kein Individuum und keine Gruppe vermag zu beherrschen, was sich mitten unter uns ereignet.

Gleichwohl ergibt sich aus dem bisher Gesagten, dass die Hauptursache für den Suizid in der Beziehungspathologie liegt[8], ja dass er ein Symptom unter anderen dieser Pathologie ist. Ausser dem Suizid – der gegen die eigene Person gerichteten Gewalt – erwähne ich von den zahlreichen anderen Symptomen lediglich das entgegengesetzte Symptom: die gegen die anderen gerichtete Gewalt (Beispiel dafür ist das am 26. April 2002 in Erfurt verübte Massaker), Risikoverhalten oder selbstzerstörerisches Verhalten.

Worauf es mir hier ankommt, ist Folgendes: Obwohl der Suizid einen Extremfall der gegen die eigene Person gerichteten Gewalt darstellt, ist er nicht einfach vom Gesamt der zerstörerischen Verhaltensweisen zu isolieren. Und zwar deshalb nicht, weil letztere, genauso wie der Suizid, Antworten auf die Pathologie der innerhalb unserer Gesellschaft herrschenden Beziehungsformen sind – jene Pathologie aber ist das Leiden, das wir mit diesen Handlungen wenn nicht zu stillen, so doch zu lindern oder auszublenden versuchen, und sei es nur zeitweise.

Damit will ich andeuten, dass das Übel letztlich vielleicht nichts anderes ist als Folgendes: Die Beziehungspathologie in all ihren Formen, wobei jede dieser Formen eine Spielart jener ursprünglichen Gewalt ist, welche die Verleugnung der Beziehung *gerade im Innersten* der Beziehung darstellt. Denn, so bemerkt Buber: «Wenn der Mensch das Apriori der Beziehung nicht an der Welt bewährt, das eingeborene Du nicht am begegnenden auswirkt und verwirklicht, dann schlägt es nach innen.»[9] Wenn ich also mein mir immanentes Beziehungsbedürfnis nicht befriedige, ziehe ich mich zurück, vereinsame ich; ja ich verdränge meinen eingeborenen Elan auf das Du hin, weil die Erfahrung mich gelehrt hat, dass der Andere, statt auf meine Einladung zur Beziehung einzugehen, mich instrumentalisieren, sich meiner bedienen, ja mich manipulieren könnte. Kurz, er könnte aus mir ein Es unter den anderen ihm in der Welt zur Verfügung stehenden Es machen.

---

8 Ich beschäftige mich hier nicht mit jenen Fällen, in denen Schmerzen derart intensiv und anhaltend sind, dass sie sogar die Möglichkeit der Beziehung zerstören. Vgl. dazu die Ausführungen von Cosette Odier in diesem Band.
9 M. Buber, Ich und Du, 1923, 84

Niemand hat Herrschaft über die Beziehung: Jeder von uns ist von vornherein in die Beziehung geworfen, von ihr geformt und gestaltet, denn jeder interveniert und agiert auf der Basis dessen, was er empfangen und was ihn geprägt hat: Ich gebe auf der Basis dessen, was ich empfangen und was ich nicht empfangen habe.

Da niemand die Herrschaft über die Beziehung innehat, ist niemand für die «Form» der Beziehung verantwortlich. Nicht das Individuum und nicht die Gemeinschaft.

Ist damit gesagt, dass in dieser Sache keine Form verantworteten Handelns denkbar ist? Das wäre sicherlich ein voreiliger Schluss, selbst wenn wir uns nicht vorstellen können, dass jemand – sei es der Staat oder seien es Individuen – genügend Macht hätte, die Form der menschlichen Beziehungen nach seinem Gutdünken zu gestalten. Doch wir sind nicht gänzlich mittellos, und unsere Präsenz an diesem Kongress ist bereits Zeichen für unsere Ressourcen, wie schwach sie auch immer sein mögen: Die öffentliche Meinung aufrütteln, dazu aufrufen, sich des Problems bewusst zu werden, und an die Menschen guten Willens appellieren, vereint gegen diese Plage anzukämpfen. Darin besteht unsere Macht. Die Macht des Staates besteht dann darin, Ressourcen zu mobilisieren, um Orte anbieten zu können, die der Beziehung als solcher förderlich sind.

Oberste Dringlichkeit auf individueller wie kollektiver Ebene indes hat Folgendes: sich bewusst werden, wie pathogen die herrschende Form der Beziehung ist, in der wir gefangen sind. Sie ist es insofern, als sie in ihrem eigentlichen Gehalt letztlich Verleugnung der Beziehung, das heisst Verleugnung der Ich-Du-Beziehung ist.

In unserem heutigen Wirtschaftssystem dominiert Wettbewerb als Beziehungsform. Im Wettbewerb aber ist der Andere entweder ein Rivale, der sich meinen eigenen Zielen als egoistisches Individuum entgegensetzt, oder ein Instrument im Dienste meiner Zwecke, das ich um seiner Talente und/oder seiner Kompetenzen willen mobilisiere. In beiden Fällen habe ich es nur am Rande mit einem «Du» zu tun, zentral aber mit etwas Bedrohlichem oder etwas zu Gebrauchendem – in der Sprache von Martin Buber mit einem *Es*[10]. Kurz, im heute herrschenden Performanz- und Effizienzregime stehen wir alle unter Rechtfertigungsdruck, um unseren Platz im Wirtschaftssystem behaupten zu können. So aber koppeln wir uns zunehmend von unseresgleichen ab («Beziehungsverleugnung»). Wir betrachten sie lediglich als hoch differenzierte Werkzeuge, mit denen wir bei der Produktion von Gütern oder Dienstleistungen zusammenarbeiten und die wir mit Blick auf unsere eigenen Ziele zu manipulieren versucht sind. Kommt es zu derartigen Kooperationsbeziehungen, stehen sie unter

---

10 Zu diesem Punkt vgl. ebd., passim

der Bedingung der Performanz. Andernfalls werden wir selbst aus dem Kreis der «vereinten Produzenten» ausgestossen – oder, im Gegenteil, wir machen uns selbst zu Tätern oder Komplizen dieser Geste aus Angst, die ungenügende Wettbewerbsfähigkeit unserer Firma treibe diese in den Konkurs. Genau das geschieht normalerweise, wenn eine Firma «restrukturiert»: Sie entledigt sich des «Specks», der die Rentabilität beeinträchtigt, und behält nur noch die dynamischen und performanten «Spitzenkräfte». Die in der Firma verbliebenen Arbeitskräfte aber, darauf sei explizit hingewiesen, können sich nicht um die entlassenen Kollegen kümmern. Täten sie es, dann ginge das auf Kosten der für die Firma einzusetzenden Zeit. Den Vorteil aber, den sie für die Firma darstellen, würden sie so zunichte machen und bald dasselbe Schicksal erleiden wie die früheren Restrukturierungsopfer.

Aus dieser Analyse geht klar hervor, dass Unternehmen heute unter dem Druck eines gnadenlosen Wettbewerbs stehen und zu einem Ort der Nicht-Beziehung oder Beziehungsverleugnung werden können. Daran eng gekoppelt ist die zwar meist verkappte, aber zerstörerische Gewalt und das Verschweigen dieser Gewalt. Denn diese richtet sich gegen die eigene Person (etwa in Formeln wie: «hätte ich doch...» , «ich hätte sollen», ängstlich jede Kritik vermeidend, die Vergeltungsmassnahmen und Marginalisierung von Seiten der Vorgesetzten auslösen könnte). Diese Nicht-Beziehung erweist sich mithin zugleich als Synonym äusserster Isolation. Diese Isolation ist gerade deshalb so gewalttätig, weil sie unter dem Deckmantel der im Managerdiskurs allgegenwärtigen «Kommunikation» stattfindet. Kommunizieren ja, aber bitte funktional kommunizieren, fokussiert auf die für Produktion und Verkauf notwendigen Aufgaben.

In einer globalisierten Gesellschaft wird der Wettbewerb zunehmend unerbittlich und breitet sich das Reich des *Ich-Es* unablässig aus, während sich in derselben Bewegung das Reich der Beziehung zurückzieht (der Andere nicht als Du, als einzigartige Andersheit, von der ich selbst bereichert werde, sondern als «performantes Etwas», aus dem ich produktions- und transaktionsmässig einen Beitrag oder einen Gewinn ziehen kann). In meinen Augen steht ausser Zweifel, dass die Jugendlichen (die von den Statistiken hervorgehobenen 15- bis 24-Jährigen) mit ihren Akten der Selbst- und Fremdgefährdung uns genau das sagen wollen: «Wir halten diese Produktionsmaschinen-Welt nicht mehr aus, in der wir einzig an zwei Kriterien gemessen werden: an unserer angeblichen Produktivität und am Prestige der dank hoher Performanz erreichten Stellung. Wir wollen vorab wegen unserer Menschlichkeit, wegen unseres Bedürfnisses nach Geborgenheit und Vertrauen respektiert werden, eingebunden in ein Netz, das uns vertraut, weil wir das sind, was wir sind, und nicht wegen dem, was wir tun müssten, um endlich anerkannt zu werden.»

Primär besteht unsere individuelle und kollektive Verantwortung in der Suizidfrage folglich darin: Wir müssen uns des pathogenen Charakters der herrschenden Beziehungsform in unserer Gesellschaft bewusst werden. Wir müssen zum Aufbau von Orten und Formen beitragen, die uns – und sei es nur zeitweise – vom trennenden, vereinsamenden Wettbewerbs- und Performanzdruck entlasten.

Die wichtigste Aufgabe der Gemeinschaft bei der Suizidprävention und bei der Verhütung aller übrigen Formen von Selbst- und Fremdzerstörung wäre demnach:

– Förderung von Orten und Räumen, deren «Gegenstand» die Begegnung und nicht ein der Begegnung äusserliches, objektivierbares «Produkt» ist;

– insbesondere in Schulen Förderung jener Ansätze, die auf Konfliktlösungen dank empathischem Gespräch angelegt sind (das heisst, ich höre dem Anderen zu, bis ich nachvollziehen kann, wer dieser Andere ist, weshalb er so oder so agiert und weshalb mir das missfällt oder meine Aggressivität weckt);

– Schaffung und Konsolidierung von Netzwerken und Gruppen, die Unterstützung bieten und Raum für Gespräch und Zuhören bieten;

– Ausbildung zur Leitung solch stützender Netzwerke und Selbsthilfegruppen usw.

Hier lässt sich einwenden, zur Umsetzung einer solchen Politik sei der Staat vermutlich nicht am besten geeignet. Das mag zutreffen, dennoch läge es zumindest in seiner Verantwortung, in diesem Bereich Initiativen auszulösen und deren Finanzierung zu sichern. Auf jeden Fall können nur in dieser Perspektive angelegte Aktionen langfristig echte Präventionsarbeit leisten. So könnten wir aus der gegenwärtigen «Feuerwehrpolitik» herausfinden, die sich darauf beschränkt, zu verhindern, dass sich ein Mensch das Leben nimmt, um dann diesen Menschen genauso beziehungslos sich selbst zu überlassen wie vor dem Suizidversuch. Den Eintritt ins Leben mit allen erdenklichen Mitteln humanisieren, alle dafür notwendigen Ressourcen einsetzen – darin besteht die kollektive Verantwortung. Diese Verantwortung wird zudem immer kollektiver, da angesichts des Missverhältnisses von Einkommen und Lebenskosten eine immer grössere Zahl von Haushalten auf ein doppeltes Einkommen angewiesen ist. Das wiederum bedeutet eine Verknappung der der Beziehung gewidmeten Zeit. Diese Zeit ist zu einem unerhörten Luxus geworden, den sich unsere Gesellschaft mit ihrer Arbeitsplatzunsicherheit nicht mehr leisten kann.

Es geht um die langfristige Zukunft unserer Gesellschaften. Doch ist uns vielleicht nur schon der Gedanke an künftige Generationen abhanden gekommen?

Bibliographie

Buber, M.: Ich und Du (1923), Schneider, Heidelberg [13]1997

Lévinas, E.: Ethik und Unendliches: Gespräche mit Philippe Nemo (1982), Passagen, Wien 1996

Misrahi, R.: La signification de l'éthique, Synthélabo, Le Plessis-Robinson 1995

Ricœur, P.: Das Selbst als ein Anderer, Fink, München 1996

Spinoza, B. de: Ethik, Die Ethik nach geometrischer Methode dargestellt. Übers. und mit Anm. von O. Baensch, Meiner, Hamburg 1989

Watzlawick, P. u. a.: Menschliche Kommunikation, Formen, Störungen, Paradoxien (1967), Huber, Bern – Stuttgart – Wien [7]1985

Hans-Balz Peter

SUIZID: DIE ETHISCHE DIMENSION – INDIVIDUELLE UND SOZIALE VERANTWORTUNG

Lässt sich der Suizid unter Umständen ethisch rechtfertigen?

Einleitung

Das Hauptinteresse in diesem Beitrag gilt der Frage, warum es auch heute nach wie vor so widersprüchliche Haltungen dem Suizid und den suizidwilligen Menschen gegenüber gibt. Dabei möchte ich die immer noch dominierenden moralischen Begründungsfiguren kritisch befragen, die den Suizid als menschliche Möglichkeit des Handelns kategorisch ablehnen. Dem gegenüber werde ich eine ethisch reflektierte Position skizzieren, die es im unauflösbaren Spannungsfeld von Freiheit und Gebundenheit erlaubt, Orientierungspunkte für eigenverantwortliche Urteile zu setzen, den Suizid als Grenze auch ethischer Argumentation zu respektieren und dabei nicht auszuschliessen, dass es unter bestimmten Umständen möglich ist, einen Suizid ethisch zu rechtfertigen. Diese Konkretisierung der ethischen Herausforderung unter Berücksichtigung verschiedener beruflicher Situationen findet sich im dritten Teil.

Meine Ausführungen gliedern sich in drei Teile. Im *ersten Teil* grenze ich meine Fragestellung genauer ein und stelle sie in den Horizont meines Verständnisses von Ethik.

Im *zweiten Teil* werde ich zuerst in grossen Linien die ethischen Normen und deren Begründung nachzeichnen, die über Jahrhunderte eine verurteilende Haltung gegenüber dem Suizid in Theologie und Philosophie legitimiert haben, soweit dies im Blick auf eine ethische Verständigung für die heutige Fragestellung nötig scheint.[1] Der kurze Rückblick ist deshalb erforderlich, weil auf der Gegenwart noch mancher Schatten der Vergangenheit liegt. Dieser wird manchmal dadurch verstärkt, dass in erster Linie die strikt ablehnenden Positionen vermittelt und die offeneren Haltungen nur gerade am Rande erwähnt werden. Dem *Mainstream* in Theologie und Philosophie gegenüber werden hier auch die abweichenden Auffassungen einzelner Theologen und Philosophen angezeigt. Dann

---

1 Für einen vollständigeren Überblick über die Verstrickung von Philosophie, Theologie und Kirche verweise ich auf weitere Beiträge in diesem Band, bes. von A. Bondolfi und M. Grünewald.

möchte ich skizzieren, welche normativen Überlegungen heutzutage für die Einstellungen zum Suizid als gesellschaftlichem Phänomen wegleitend sein könnten. Dabei werde ich die sozialethische Verantwortung besonders herausarbeiten. Praktische ethische Überlegungen zum Spannungsfeld «Freiheit und Verantwortung» angesichts der Herausforderungen für Eltern, Angehörige, Krankenhauspersonal, Seelsorger, Polizeibeamte, Lehrer usw. angesichts von Suizid schliessen sich an.

Im *dritten Teil* möchte ich im Blick auf heutige konkrete Situationen die Frage aufnehmen, warum sich nach wie vor widersprüchliche Haltungen dem Suizid und den suizidwilligen Menschen gegenüber scheinbar unversöhnlich gegenüber stehen. Im Anschluss an eine kritische Befragung der geläufigen Ablehnung des Suizids auch nur als äusserste Möglichkeit des Menschseins versuche ich eine Haltung zu umreissen, welche die Unauflösbarkeit des Spannungsfeldes von Freiheit und Gebundenheit, von Selbstbezug und Sozialbezug zunächst einfach annimmt. Daraus sind in ethisch begründeter Art und Weise Erwägungen und Orientierungspunkte für die unterschiedlichen Akteure und Verantwortungsträger zu formulieren, die es ihnen erleichtern sollen, in ihrer beruflichen Verantwortung eigenständige sittliche Urteile zu treffen.

Zur ethischen Dimension

Philosophische und theologische Ethik ist – u.a. – eine Integrationswissenschaft. Ethik hat die «ethische Dimension» menschlicher Probleme aufzuzeigen. Ethik steht dabei – unabhängig davon, ob sie im Sinne einer Wissenschaft oder als sittliche Leistung jedes einzelnen verstanden wird – vor einer *doppelten Aufgabe*:

In einem *ersten Schritt* ist es ihre Aufgabe, nach leitenden Gesichtspunkten, Normen und Kriterien des «Sollens» zu fragen. Die normativethische Dimension zu betonen und allenfalls abstrakte Prinzipien aufzustellen, genügt jedoch meiner Auffassung nach nicht. Die ethische Reflexion muss in einem *zweiten Schritt* auch die faktischen Dimensionen menschlicher Probleme aufarbeiten. Diese beiden Dimensionen, das Orientierungswissen und das Sachwissen, müssen miteinander in Beziehung gesetzt werden. Ich könnte auch sagen: Die abstrakten Normen – ob theologisch oder philosophisch begründet – müssen zusammen mit konkreten Situationen ins Gespräch gebracht werden, und daraus ergibt sich die Frage danach, welche Kriterien bei uns gelten sollen.

Ich meine sogar, dass, wer bloss ethische Grundprinzipien aufstellt – beispielsweise: «das Leben muss prinzipiell geschützt werden», oder: «Freiheit ist ein kategorisches Selbstbestimmungsrecht mit absolutem

Vorrang» – rasch inhuman wirken kann, weil dann die ganze «Anwendungs-» oder «Vollzugsproblematik» ganz dem Einzelnen, der sich vielleicht gerade in einer auswegloser Situation befindet, überlassen bzw. an ihn delegiert wird. Zur Aufgabe der Ethik gehört eben auch die Konkretisierung, die bedeutet – um ein Wort von Martin Luther abzuwandeln – die ethischen Grundüberzeugungen und die abstrakten Gebote vom theologischen oder philosophischen Himmel «ins Leben zu ziehen».

Nur wenn die ethische und die faktische Dimension *zusammen* betrachtet, reflektiert und analysiert werden, können daraus *von* den je betroffenen Menschen und *für* die Gestaltung der jeweiligen gesellschaftlichen Umstände und Institutionen jene *praktisch-ethischen Orientierungen* entwickelt werden, die es für ein gelingendes individuelles und soziales Leben braucht.

Das ethische Subjekt

Subjekt und Adressat der ethischen oder moralischen Aussagen bin zunächst und grundsätzlich *ich*; ist jedes ich, generell formuliert: der ethisch denken und handeln wollende Mensch.

Es «lohnt» sich deshalb für mich bzw. für jedermann, ethisch zu argumentieren, weil das, was ich als gut und richtig herausfinde, für mich verbindlich ist, mich verpflichtet, mir also Halt gibt und mein Handeln in eine reflektierte Richtung verpflichtet. Ethik steht und fällt mit dem «Subjekt», das dafür einsteht. Primäre Aufgabe ethischer Reflexion ist also *nicht das zu definieren, was ich meine, dass es andere zu tun hätten*, sondern das zu tun, was ich für meine Situation als richtig erachte, und zwar eben gerade nicht (nur) im Hinblick auf mein eigenes Interesse, sondern (auch) auf das Interesse der anderen und also übergeordneter Ziele und Werte.

In diesem Sinne ist Ethik auf der «Subjektseite», auf der Seite des Handelnden, immer «individualethisch». In aller Regel betrifft konkretes Handeln eines Subjektes indessen konkrete *andere* Menschen, ein konkretes Du im persönlichen Gegenüber. Die Standardfrage nach ethisch verantwortlichem Handeln ist deshalb die *personalethische* und bezieht sich durch all die Jahrhunderte hindurch auf die Beziehung von Mensch zu Mensch, *vis-à-vis*, *face to face*. Ethische Selbstreflexion und Handlungsorientierung bezieht sich auf das *Gute des anderen*, das ich mit meinem Handeln bewirke:

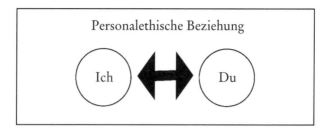

Personalethische Beziehung

Ich ⬌ Du

Gegenüber dieser ethischen Primärbeziehung ist der *Suizid immer ein Grenz- oder Extremfall*: das Handeln bezieht sich gerade nicht auf andere, sondern – in vielleicht reduktionistischer Weise – in letzter Konsequenz auf sich selbst, auch wenn es von äusseren Faktoren, vom Verhalten anderer Menschen im subjektiven Entscheidprozess abhängig oder wenigstens mitbestimmt ist.

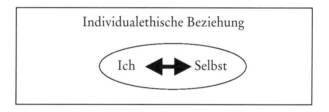

Individualethische Beziehung

Ich ⬌ Selbst

Handelnde/r und von den Folgen des Handelns Betrofffene/r, oder, wie es manchmal ausgedrückt wird, weil es um den Tod als Handlungsfolge geht: *Täter und Opfer sind primär identisch.* Dies gilt jedenfalls in der Perspektive einer suizidwilligen Person, die damit in einer seltenen Einsamkeit der Identität und der Urteilsfindung steht, auch wenn die Umstände, die zum Suizidentschluss führen, gerade personal oder/und sozial mitbedingt sind und die Folgen keineswegs nur das unmittelbare Opfer treffen, sondern in einer ebenso unwiderbringlichen Weise ihr personales und soziales Umfeld: Lebenspartner, Familien, Freunde und schliesslich die (Mikro-)Gesellschaft. Diese soziale Bedingheit selbst der inneren moralischen Instanz, des Gewissens, wie auch der Normen, mit denen wir sozialisiert werden, ist in der folgenden Grafik dargestellt. Aus ihr geht auch hervor, wie der Handlungsspielraum – die objektive Seite der Handlungsfreiheit – von sozialen Gegebenheiten bedingt ist. Theologisch ist das ausschliesslich oder primär individualethische Denken zu verstehen als Konzentration der Verantwortung auf eine Beziehung zwischen

Mensch und Gott, konkret zwischen (jedem) ich und seinem (gnädigen) Gott – ohne konkrete Betrachtung der Mitmenschen und der sozialen Gesamtheit.

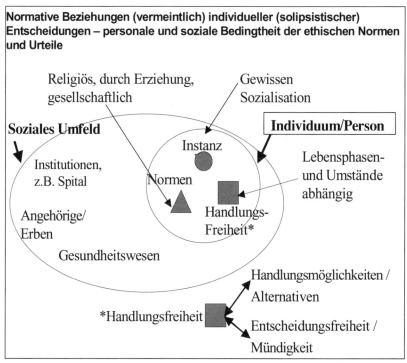

Normative Beziehungen (vermeintlich) individueller (solipsistischer) Entscheidungen – personale und soziale Bedingtheit der ethischen Normen und Urteile

Religiös, durch Erziehung, gesellschaftlich

Gewissen
Sozialisation

Soziales Umfeld

Individuum/Person

Instanz

Institutionen, z.B. Spital

Normen

Lebensphasen- und Umstände abhängig

Angehörige/ Erben

Handlungs-Freiheit*

Gesundheitswesen

Handlungsmöglichkeiten / Alternativen

*Handlungsfreiheit

Entscheidungsfreiheit / Mündigkeit

Wenn diese weiteren Implikationen und Folgen suizidalen Handelns in den Blick gefasst werden, kann beim Suizid-Entschluss nicht mehr von einem nur individuellen Entscheid gesprochen werden. Es kommt unmittelbar die personalethische Beziehung mit ins Gesichtsfeld, darüber hinaus jedoch auch die Dimension der *sozialethischen* Verantwortung. Diese verstehe ich als indirekte, sozial vermittelte Verantwortung, in der der personale *face-to-face*-Bezug unterbrochen ist durch soziale Institutionen und Strukturen. Dazu gehören auch alle beruflichen Rollen und Positionen und die Art und Weise, wie sie ausgeübt werden. Weil der personale Bezug durch Institutionen gebrochen ist, kommt es nun auf deren Gestalt und Handlungswirkung an, wenn es um das Wohl des Anderen geht. Auf die Rollen, Institutionen und Strukturen bezieht sich die spezifische sozialethische Verantwortung – und zwar durchaus nicht in abstrakt-theoretischer Hinsicht, sondern im Hinblick auf das Gute konkreter Menschen, die aber eben nur indirekt, institutionell vermittelt, im Wirkungskreis meines Handelns stehen:

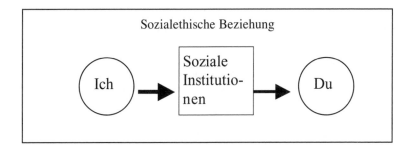

Nur sehr provisorisch kann man in diesem Zusammenhang – ethisch ebenso wie juristisch – von einer «kollektiven Verantwortung» sprechen: von einer *abgeleiteten* Verantwortung von gesellschaftlichen Institutionen gegenüber Personen, im Falle des Suizid z.b. eines Spitals zu seinen Krankenpflegern und Patienten. Letztlich handelt es sich immer um die Verantwortung von *Personen*, entweder direkt – Personen, die mich pflegen, operieren etc. – oder von intermediären Einrichtungen, die ihrerseits von Personen eingesetzt wurden – die Regelungen, die in der Pflege gelten, die Vorschrift, dass die Polizei immer zuerst untersuchen muss, ob es tatsächlich ein Suizid war oder eine Form externer Tötung usw.[2]

Traditionelle Ethik und Morallehre in Theologie und Philosophie haben sich weitgehend auf die personalethische Sicht im Allgemeinen und auch im besonderen Fall von Suizid-Gedanken beschränkt. Einzelne alternative philosophische Sichtweisen, welche den Suizid etwas heroisierend als *Freitod* bezeichnen und mit einem besonders herausragenden Ethos verbunden haben, neigten demgegenüber der Reduktion auf die individualethische Sichtweise zu. Bereits bei Aristoteles aber – um nur ihn zu erwähnen – ist auch die sozialethische Dimension, die Beziehung zum Gemeinwesen (polis) thematisiert worden.

Ebenso hat sich traditionelle Ethik weitgehend auf *eine* ethische Aufgabe, nämlich weitgehend auf das Formulieren und Begründen «absoluter Gesichtspunkte» bzw. von normativen *Prinzipien* beschränkt. Wenn diese aber nicht unter Berücksichtigung des «durchschnittlichen» Menschen und des «normalen» Laufs der Dinge mit der Praxis *vermittelt* werden, kann das konkrete Leben diesen Prinzipien gegenüber nur scheitern. In dieser Überlegung steckt nicht nur eine Kritik an der über Jahrhunderte hinweg bloss Prinzipien vertretenden Theologie (oder konkreter: Kir-

---

2 Der Gebrauch der Begriffe Individualethik und Sozialethik ist in der ethischen Literatur nicht einheitlich und es hat sich noch keine Standardisierung durchgesetzt. Hier werden sie verwendet in Weiterführung der sozial-ethischen Theorie von Arthur Rich, die er am breitesten im ersten Band seiner «Wirtschaftsethik – Theologische Grundlagen», Gütersloh 1984 u. spät. A. entfaltet hat.

chen) und der Philosophie. Sie zeigt auch an, dass prinzipielle Moral, die zu keiner *Vermittlung mit der menschenmöglichen Lebenspraxis* bereit ist, selbst das *tödliche Gefühl des Scheiterns* stärken kann – bis hin zur letzten Konsequenz, in der das Scheitern seinen Ausweg im Suizid sucht (womit keineswegs unterstellt werden soll, dass dies der einzige oder auch nur der wichtigste Grund für Suizide ist). Das Besondere christlicher Ethik ist hingegen gerade, dass das Ethische zwar verbindlich, aber nicht «das letzte ist, was zählt». Dem Ethischen geht etwas Entscheidendes voraus, was ich als eine der Kernbotschaften des christlichen Glaubens nicht nur in reformierter Tradition bezeichnen möchte: dass die Heiligung und Rechtfertigung des Menschen nicht auf «Werken», also nicht auf seinem moralischen Tun und seiner eigenen Leistung beruht, sondern allein aus Glauben als Gottes Geschenk kommt. Diese Rechtfertigung ist mir gerade auch dann zugesagt, wenn ich an den an mich gestellten moralischen Anforderungen scheitere. Die durch die Bibel bezeugte Zusage und daraus die Grundgewissheit der Rechtfertigung aus Glauben geht aber nicht nur jeder ethischen Verpflichtung und jeder ethisch verantworteten Leistung voraus; sie wirkt als Ferment ebenso darauf hin, bezüglich der sittlichen Orientierung die gewährte Freiheit von der letzten Bewährungspflicht eben als Geschenk anzunehmen, das zu Bereitschaft und zum Willen, sich im praktischen Leben selbstverantwortlich ethisch zu orientieren, motiviert, ermächtigt und geradezu verpflichtet.

Zum Begriff Suizid

Ich verwende den Begriff Suizid deshalb und ziehe ihn deutlich dem Wort «Selbstmord» vor, weil er als wertneutraler Begriff verstanden werden kann – als Begriff, der nicht von vornherein, durch Vorurteil, eine diskriminierende Aussage impliziert. Gerade dies ist ja ein zentrales Anliegen der Ethik, «*sine ira et studio*» die «moralische Qualität» menschlichen Handelns zu reflektieren – und auf diesem Weg zu Kriterien der Bewertung zu gelangen, die sich im Leben bewähren.

Deshalb sollte der Begriff des *Selbstmords* vermieden werden; mit ihm wurde über Jahrhunderte hinweg bewusst eine Kriminalisierung der so gekennzeichneten gesellschaftlich-moralisch missbilligten Tat bewirkt, im Sinne der Abschreckung. Denn Mord war schon immer nicht einfach Tötung, sondern Tötung aus unehrenhaften, verwerflichen, frevelhaften Gründen.

Will man einen deutschen Begriff verwenden, eignet sich am ehesten

«*Selbsttötung*». Häufig werden drei konstitutive Merkmale des Suizid genannt[3]:

.– Selbst-Herbeiführung des Todes (Akt, eigenes Tun oder Unterlassen);
– Bewusster Willensentscheid, zu sterben (voluntativ, Absicht, Intention);
– Wille, in Abweichung von der gesellschaftlichen Norm, die «leben!» zur Pflicht erklärt. (Dies gilt zumindest in unserer Kultur; in anderen kann z.B. Selbst-Aussetzung oder Sich-selber-Sterbenlassen von Alten durchaus zum anerkannten normativen Bestand gehören.)

In ethischer Hinsicht schliesslich lässt sich der Suizidversuch nicht vom Suizid trennen. Weil jeder Suizid das Resultat eines Suizid-Versuchs ist, folgt daraus, dass man nicht den Suizidversuch als «harmlosere Form» radikal vom Suizid, als «technisch gelungenem» Versuch unterscheiden kann.

Theologisches und philosophisches Denken zum Suizid im historischen Querschnitt

Es ist im Folgenden weder Absicht noch möglich, einen durchgehenden Überblick über die Geschichte des theologischen und philosophischen Denkens zum Suizid zu geben. Andere Beiträge dieses Bandes gehen näher auf diese historische Perspektive ein[4]. Ein kurzer Querschnitt durch die Denkgeschichte ist hier jedoch nötig, um zu zeigen, dass zeitgenössisches ethisches Nachdenken über normative Kriterien zum Suizid nicht gleichsam im luftleeren Raum stehen, sondern vielfach verwoben sind gerade auch mit verschiedenen geschichtlichen Phasen in Philosophie und Theologie, Kirche und Gesellschaft. Der Überblick soll weiterhin die zeitliche Veränderbarkeit konkreter ethischer Beurteilungen ins Bewusstsein treten lassen, mit dem Ziel, eine heutige Orientierung um die geschichtliche Verknüpfung zu verstärken. Ich wende mich ganz kurz zuerst den Zeugnissen der Bibel zu, dann einigen überlieferten praktischen Beurteilungen in der alten Kirche und in der frühen Philosophie. Es folgen Abrisse über widersprüchliche Denkansätze in der Reformation und den Ansatz von Kant, ein Hinweis auf Améry und ein gewagtes Résumé zur zeitgenössischen Debatte.[5] Schliesslich wird versucht, aus dem kurz Dargestellten ein Fazit zu ziehen.

---

3 A. Holderegger, Suizid und Suizidgefährdung, 1979; A. Holderegger, Suizid, ethisch, 2000
4 Vgl. insbesondere die Beiträge von A. Bondolfi und M. Grünewald in diesem Band.

Texte der Bibel

Das Alte Testament berichtet von sechs Suizidfällen[6], die alle nicht moralisch qualifiziert werden; es findet sich namentlich kein direktes Verbot[7]. Im Neuen Testament wird einzig vom Suizid des Judas berichtet[8]. Auch hier entziehen sich die biblischen Schriftsteller einer eindeutigen Bewertung. Es scheint so, dass die Absicht der Darstellung dahin geht, seinen Suizid verständlich zu machen als Ausweg aus einem radikal verwirkten Leben.

Theologie der alten Kirche

Die Beurteilung, dass das Tötungsverbot der 10 Gebote das Verbot des Suizids einschliesse, ist erst eine Folgerung von *Augustinus* (354–430 n.C.). Er argumentierte gewissermassen aus kirchenpolitischen Überlegungen heraus, indem er damit die Martyriumssehnsucht in der Alten Kirche, die im Gefolge stoischer Philosophie (Epikur, Seneca u.a.) aufgekommen war, bekämpfte.

Die *Synode* (Konzil) von Arles (452) sieht den Suizid als vom Teufel veranlasst und verurteilt ihn als eine Tat des Verbrechens. Beim 1. Konzil von Braga (563) wird die Regel festgelegt, dass Suizid-Täter nicht kirchlich bestattet werden dürfen. Papst Nicolaus I erklärt den Suizid zur Todsünde, dieses Urteil wird vom Konzil von Nîmes (1184) bestätigt und später ins kanonische Recht aufgenommen.

Philosophie des Altertums

Die *stoischen Philosophen* betonten, dass der weise Mensch als freier Herr auch im Sterben sich seiner Freiheit würdig erweisen – und damit den frei gewählten Tod dem natürlichen und entwürdigenden Tod vorziehen solle.

---

5 Ich beziehe mich dabei vor allem auf Internet-Recherchen und einschlägige Lexika-Artikel, insbes. den Art. «Selbstmord III: Ethisch» von H. Saenger in RGG3, V, sowie «Suizid (I.) Relgionsgeschichtlich» (K. Hoheisel) und «(II.) Theologisch» (Anna Christ-Friedrich), TRE XXXII.

6 Simson, Jc 16,30; Saul, 1 Sam 31,3-6; 1 Chr 10, 13f.; Architofel, II Sam 17,23f.; Simri, 1 Reg 16, 18ff.

7 E. Aebischer-Crettol, Seelsorge und Suizid, 2000, 47-87

8 Mt 27,5

9 Platon, Nomoi (Gesetze), 873 c-d (Platon, Werke, Darmstadt 1990, Bd. 8/2, 235f.). 62 b-c. Immerhin verurteilt Platon hier den Suizid bloss so scharf, wenn jemand «aus Schlaffheit

Die «*Klassiker*» *der griechischen Philosophie* argumentierten anders: Für *Platon*[9] ist der Mensch nicht Herr über sein Leben – dieses ist ihm vielmehr vorgeordnet und es verdankt sich wesensmässig nicht sich selbst; deshalb *kann* der Mensch zwar, aber er *soll* und *darf* sich nicht selbst töten. Diese ontologische Sichtweise hat sich in der Folge stark mit theologisch-dogmatischen Argumenten verbunden und über Jahrhunderte die Haltung der Kirche geprägt.

Aristoteles[10] sieht im Suizid nicht nur ein individuelles Vergehen, das dem Sinn/Ziel (telos) des Lebens entgegengesetzt ist, sondern darüber hinaus einen Verstoss gegen die Gerechtigkeit i.S. eines *Unrechts gegenüber der «Polis»* – ein Aspekt von besonderem Interesse für die Sozialethik.

Theologie der Kirche des Mittelalters

Der die Theologie des frühen Mittelalters zusammenfassende und lehrhaft auf den Punkt bringende *Thomas von Aquin* verbindet das theologische Argument der Nicht-Verfügbarkeit des eigenen Lebens mit der – «naturgesetzlich» gedachten – Pflicht, dem natürlichen Selbsterhaltungstrieb nicht zu widersprechen – und der aristotelischen Bestimmung des Suizids als Unrechtshandlung gegenüber der Gemeinschaft (Polis).

In der Folge gilt in der *Kirche des Mittelalters* der Suizid als Todsünde, und zwar im theologisch strikten Sinne, weil keine Reue möglich ist und der Täter sich durch seine Tat auch der Möglichkeit der Vergebung durch die Kirche verschliesst. Wer Suizid begeht, geht daraus hervor, exkommuniziert sich selbst und tritt aus der Gemeinschaft mit Gott aus. Hier hat die harte Kirchenpraxis, die bis weit in die Neuzeit wirkte, ihre Wurzeln:
– das Begräbnis auf geweihtem Friedhof wird verweigert;
– die Seelenmessen für den Toten werden nicht gehalten.

---

und unmännlicher Feigheit an sich selbst ein ungerechtes Gericht vollzieht»; Platon verurteilt hingegen ausdrücklich nicht jene Menschen, die sich selbst töten, weil «der Staat durch einen Richterspruch die Selbsttötung angeordnet hat» oder die «durch ein über alle Massen qualvolles unentrinnbares Unglück ... dazu gezwungen» sind, oder jenen Menschen der «von einer ausweglosen Schmach bedrückt wird, die ihm das Leben verleidet». Für jene anderen, ruhmlosen, verfügt er, dass sie in Einzelgräbern beigesetzt werden sollen, ohne dass jemand neben ihnen begraben werde, und dass die Gräber in unbebaute und namenlose Plätze in Grenzgebieten verlegt werden sollen ohne Schmuck und ohne Namensbezeichnung. Offenbar übernimmt hier Platon einfach athenischen Brauch, auf den er ausdrücklich verweist – aber mit schweren Folgen für die Beurteilung des Suizids in den nachfolgenden Jahrhunderten.
10 Aristoteles, Nikomachische Ethik, 1116a (III. Buch, Kap. 11, in Ausgabe der Wiss. Buchgesellschaft, Darmstadt 1995: Bd. 3 S. 62) und 1138a (V. Buch, Kap. 14, ebd. S. 127f.); an letzterer Stelle wird der Suizid auch als Unrecht gebrandmarkt, das der rechten Vernunft, damit dem Gesetz widerspricht und de Gemeinwesen Unrecht antut.

Im Kontext dieser dogmatischen Bewertung der Endgültigkeit der Suizid-Tat entstand mancher Aberglaube, der namentlich die Angehörigen (z.T. bis heute) schwer trifft und stigmatisiert: indem ihr durch Suizid verstorbener Angehöriger nicht gesalbt werden konnte und ohne (kirchlichen) Segen und Messe beerdigt wurde, müssen sie ihn *dem Fegefeuer überlassen.*

Reformation

Unter den Reformatoren scheint es keine einheitliche Beurteilung gegeben zu haben, soweit überhaupt solche bekannt sind. Überliefert werden Positionsbezüge ja nur, wenn sich das Phänomen des Suizids überhaupt in einer gesellschaftlich relevanten Weise erwiesen hat und zum sozial-pastoralen Problem geworden ist. Auffällig ist, dass bei *Luther* hinter dem aristotelisch-thomistischen «gesellschaftlichen» Argument und dem eben skizzierten dogmatischen Argument in seiner Glaubenslehre das Individualistisch-Persönliche in den Vordergrund tritt. Luther erkennt als Ursache ausserhalb des freien (und, so die übliche Vermutung, frevelhaften) Entscheides eines *Täters* gleichsam «objektive» Ursachen. Er benennt Schwermut und satanische Anfechtung des Glaubens als Elemente des Suizids, deren *Opfer* der Mensch wird.[11] Der Suizid liegt auch für Luther *ausserhalb der «erlaubten» Freiheit* eines Christenmenschen, aber der suizidwillige Mensch handelt ja als Opfer gerade nicht autonom. So ist es Aufgabe des Staates, der als das «Schwert» für Ordnung und Gerechtigkeit sorgen muss, abschreckende Massnahmen zu ergreifen (Prävention). Die Kirche hat zur Aufgabe, Gefährdete durch Beschützen und Zuspruch des Evangeliums vor dem Suizid zu bewahren. Dahinter liegt analytisch eine Unterscheidung von Suizid als Tat und dem Suizid-Täter: dieser *Mensch* darf nicht verdammt werden (er ist ja ein Opfer), er steht nicht ausserhalb der Gnade Gottes – und er ist damit wie andere Tote zu beerdigen.

Ob, wo und wie lange die protestantischen Kirchen dieser eigenständigen Konzeption Luthers, die er aus dem Zentrum seiner Rechtfertigungslehre und der kirchlichen Seelsorgepraxis heraus entwickelte, folgte, konnte ich nicht eruieren. Es scheint, dass die lutherischen Kirchen Deutschlands wie auch die reformierten Kirchen in der Praxis diesen neuen Überlegungen zur Bestattung von Suizid-Tätern kaum Folge leisteten und jedenfalls schon im 16. Jahrhundert deren Ausschluss aus der (Friedhofs-)Gemeinschaft, indirekt auch ihrer Angehörigen, rasch wieder wei-

---

11 A. Christ-Friedrich (in ihrem TRE-Artikel. s. oben) nennt dies eine «satanologische Erklärung» und verweist auf Martin Luther, Tischreden Nr. 222, Werk-Ausgabe B 10, 112.

tergeführt wurde. Forschung zu lokalen Gebräuchen in den verschiedenen Kirchgemeinden könnte hier weiteren Einblick vermitteln.

Philosophische Stimmen von Kant bis Améry

Kant als Philosoph von Freiheit und Vernunft argumentiert[12] – allerdings im überraschenden Unterschied zu *Hume*[13] –, dass die Autonomie des sittlichen Subjekts das Recht gerade nicht einschliesse, die Bedingungen der eigenen Möglichkeiten auszulöschen.

Von den Stoikern der griechischen Antike über *Fichte* und *Schopenhauer*, zu *Nietzsche* (von ihm vermutlich stammt der beschönigende, also auch vorurteilsbehaftete Begriff «Freitod»[14]) bis zu *Améry*[15] wird aus dem Verständnis der Autonomie als Freiheit (und Pflicht), sich selbst die Regel zu geben, der gegenteilige Schluss gezogen. Nietzsche lobt den freien Tod: «Meinen Tod, ... der mir kommt, weil ich will», nicht «wie die Natur» oder «wie ein Gott» will: Das Leben ist in diesem Verständnis Besitz des Menschen, über den er frei verfügen darf.

Theologie der Neuzeit

Von *Brunner*[16] über *Bonhoeffer*[17] bis zu *Barth*[18] gilt auch im protestantischen Raum des 20. Jahrhunderts «Freiheit zum Suizid» als angemasste Freiheit/Autonomie, die eine Leugnung der Gott-Geschöpflichkeit des Menschen und des Lebens als Geschenk/Leihgabe bedeutet. *Brunner* lehnt den Suizid kategorisch ab; sich das Leben nehmen zu können ist nur «Sache dessen, der es dem Menschen gegeben hat». Gottgewolltes Leben ist Leben in dialogischer Existenz – Abfall von dieser dialogischen Grundstruktur ist Abfall von Gott. Am Lebensende ist der angemessene Status des Menschen Passivität, die durch die Aktivität Gottes bedingt ist (E. Jüngel). *Bonhoeffer* unterscheidet indessen zwei Fälle. Wenn es darum

---

12 I. Kant, Metaphysik der Sitten, in: Kant, Werke, hg. Von W. Weischedel, Studienausgabe, Wiesbaden 1983, 549ff.
13 N. H. Soe erwähnt D. Hume mit dem Argument: «Wenn es einen Gott gibt, muss man ihm dankbar sein, dass er das Leben so geregelt hat, dass wir frei bleiben, es zu verlassen», in: Art. «Selbstmord» in RGG3 III, I. Religionsgeschichtlich, Sp. 1676. Vgl. D. Hume, On Suicide, 1799
14 F. Nietzsche, «Vom freien Tode», Also sprach Zarathustra, Leipzig 1909, 105ff.
15 J. Améry, Hand an sich legen. Diskurs über den Freitod, Stuttgart 1976 u. spät. A.
16 E. Brunner, Das Gebot und die Ordnungen, TVZ, Zürich 1932, 4., unveränd. A. 1978, 155f.
17 D. Bonnhoeffer, Ethik, Gütersloh 1998, 192ff.
18 K. Barth, Kirchliche Dogmatik KD III/4 , 1981, 4600f.

geht, das Leben für moralische Werte hinzugeben (also bei einer Begründung aus personal- oder sozialethischer Perspektive), gilt, dass zur menschlichen Freiheit die Möglichkeit gehört, das eigene Leben zu opfern. Wenn es bei der Selbsttötung hingegen nur um die eigene Person geht (also bei einer Reduktion auf die individualethische Perspektive) lehnt er sie als zu rechtfertigende menschliche Möglichkeit deutlich ab. Interessanterweise geschieht dies aber nicht aus ethischen Gründen.

Bonhoeffer zeigt für Suizidenten einfühlsam Verständnis und sieht in der Selbsttötung «in gewissem Sinne die selbstvollbrachte Sühne für ein verfehltes Leben» und Ausdruck der «Freiheit ..., selbst in seiner Verzweiflung noch seine höchste Selbstrechtfertigung zu vollziehen». Gerade darin aber zeigt sich das (theologisch) Verwerfliche am Suizid: er ist verwerflich als Sünde des Unglaubens, der an eine göttliche Rechtfertigung nicht glaubt – schuldig nicht moralisch vor den Menschen, sondern allein vor Gott.

Bei *Barth* ist die grundsätzliche Ablehnung des Suizids eigentlich vorethisch, theologisch begründet. Wo das Evangelium vernommen wird «ist der Suizid nicht nur verwerflich, sondern schon verworfen». Aber die Ablehnung ist nicht mehr eine unbedingte. Denn Barth lässt mögliche Notlagen von Menschen gelten, Grenzsituationen, die Suizid nahe legen können, und meint, mit dem – vielleicht in bestimmten Situationen zynisch wirkenden – Zuspruch dienen zu können. «Du *musst* ja nicht, du *darfst* ja leben!» Entsprechend seinem Grundverständnis Gottes als des «ganz Anderen», der sich auch durch keine ethische Suizid-Theorie in seinem Handeln fassen lässt, muss Barth am Ende fast in fragender Form zugestehen, es sei im äussersten Falle möglich, «dass der gnädige Gott selbst einem Menschen in der Anfechtung damit beisteht, dass er ihn diesen Ausweg wählen lässt»[19].

In den letzten Jahren vertreten auch Theologen – so etwa Hans Küng – die Haltung, dass Gott dem Menschen mit der Freiheit nicht nur die Möglichkeit, sondern auch das Recht gegeben habe, Art und Zeitpunkt des eigenen Todes selbst zu bestimmen. Eine grundsätzliche Änderung der Begräbnispraxis der Kirchen vollzog sich erst mit der veränderten Bewertung des Suizids nach dem 2. Weltkrieg.

Fazit: Theologisch-ethische Bewertung

Noch 2001 stellte Eibach[20] als Fachmann in einer referierenden Übersicht fest: Ein Recht zum Suizid kann theologisch nicht bejaht werden. Hauptmotiv ist stets: das Leben ist Geschenk Gottes, damit sein Eigentum,

---

19 K. Barth, Kirchliche Dogmatik KD III/4 , 1981, 468
20 U. Eibach, Suizid (Selbstmord). In, in: ESL Evang. Soziallexikon, 2001, Sp. 1574ff.

und darüber darf der Mensch nicht verfügen. Diese Haltung ergibt auch einen klaren Imperativ für die theologische Ethik und für kirchlich-praktisches Handeln: Prävention, Therapie und Seelsorge müssen im Zusammenhang mit dem Suizid Ausgangspunkt und Ziel aller Anstrengungen sein. Allerdings kann ich dem Urteil von Eibach so nicht folgen; nur schon das oben kommentierte Nachblättern in den Originaltexten, die in Lexikabeiträgen sehr gerafft verarbeitet sind, zeigt ein wesentlich differenzierteres Bild, angefangen bei Platon über Augustin zu Luther und bis in die zeitgenössische Theologie. Gerade der Bibel ist ein so abstrakt-prinzipielles Denken fremd, das aus Gottes Schöpfung menschlichen Lebens ein «Prinzip» macht, das Gott selbst einbindet. Ein solches Prinzip ist menschliches Konstrukt – gerade die Theologie aber hat andere, unmittelbar humane Zugänge zum Menschen in seinem Glück und seinen Leiden, zu seiner Gebundenheit und seiner ebenso schöpfungsmässigen Freiheit. Ausserdem ist an dieser Stelle aus meiner Sicht der Hinweis auf eine bedeutsame Grenze wichtig: Auch wenn das Leben als göttliches Geschenk verstanden wird – Agnostiker und Humanisten fühlen sich von einem solchen Satz ausgeschlossen –, kann das nicht heissen, dass das «Leben-Dürfen» zu einem unausweichlichen «Leben-Müssen» umfunktioniert werden darf. «Am Leben bleiben wollen» kann weder rechtlich noch moralisch verordnet werden – und, um hier nun wieder eine rein fundamental- oder individualethische Sicht zu durchbrechen – nur als sinnvoll vermittelt werden, wenn es zum «Leben-Können» und damit zum freiheitlichen Leben hinführt, welches selbst immer auch das Risiko eines erneuten Suizidversuchs einschliesst[21].

Ich halte daher ein abstraktes moraltheologisches oder individualethisches Urteil, dass Suizid nicht sein darf, für nicht angemessen. Denn es wäre immer ein Urteil «über das Handeln anderer» in einer Situation, in die ich nie geraten möchte – die also das solidarische Mitfühlen im Sinne der «goldenen Regel» nicht zulässt. Liegt aber damit nicht ein moralisches Urteil vor, das nicht dem Status der Freiheit eines Christenmenschen und dem kategorischen Imperativ der Autonomie entspricht, sondern eher dem Habitus des Besserwissens über andere? Die Rolle der Ethik sehe ich weniger darin, undiskutierbare Handlungsanweisungen, Gebote und Verbote zu formulieren, als im Diskurs Orientierung und Kriterien für eigenverantwortliche Reflexion und sittliche Entscheidung vorzubereiten.

---

21 Von diesem Hintergrund her lässt sich etwa die polizeiliche Pflicht zur Verhinderung des Suizids, die bis zur Verwahrung von Suizid-Neigenden oder -Gefährdeten oder zur Zwangs-Psychatrisierung führen kann, hinterfragen, und ebenso die Tatsache, dass die für diese Institutionen Verantwortlichen eine «Garantiepflicht» zu tragen haben! In ähnlicher Weise wird mit dem ärztlichen Ethos argumentiert, nämlich als unbedingte Pflicht – allenfalls gegen den freien Willen des betroffenen Menschen – dessen Leben zu bewahren, auch wenn in den letzten Jahren die Einsicht gewachsen ist, dass die Behauptung, suizidale Menschen seien (immer) in ihrer Willensfreiheit in krankhafter Weise eingeschränkt, keineswegs regelmässig zutrifft.

Praktische Folgerungen

Gefordert ist die Ethik also in verschiedenen Richtungen, hinsichtlich:
– *meines* Umgangs mit dem *eigenen* Leben und Tod; von da aus
– meines Umgangs mit dem Leben und Tod des *anderen*; mit Bestimmtheit beginnt die Verantwortung da weit vor der Frage an der Grenze des Seins: ob und vor allem wie weit ich die Pflicht, ja überhaupt das Recht habe, Suizidgefährdete von ihrem Tun abzuhalten; schliesslich damit zusammenhängend
– des Umgangs untereinander und der Gesellschaft: ein Umgang, der in allem lebensdienlich zu sein hat und wesentlich dadurch bestimmt wird, wie lebensdienlich unsere gesellschaftlichen Einrichtungen und Strukturen gestaltet werden. Ich denke nicht nur an unsere immer härter die «Selbstmaximierung» fordernde Wirtschaftskultur, welche die Massstäbe des erfolgreichen, damit lobenswerten Leistens und Machens so hoch gesetzt hat; sondern auch an die konkrete Gestaltung und die aktuellen Lebensdienlichkeit (nicht bloss: der Zukunftsdienlichkeit) unserer Schulen, der Sozialeinrichtungen, der Spitäler und Altersheime usw.

Bei der Erörterung einzelner Aspekte dieser dreigliedrigen ethischen Fragestellung scheint es mir wichtig, die vielschichtigen Ursachen und Kontexte von Suizid-Wünschen zu differenzieren. Ich nenne nur zwei Punkte:
- Nicht jeder Suizid ist das Resultat eines *freien Willensentscheids*. Unsere Freiheit ist immer konditioniert, vielleicht mit zunehmendem Alter mehr als früher, vielleicht ist sie im Altersheim und Alterspflegeheim radikal – bis zur Lebensfeindlichkeit – eingeschränkt. Daraus folgt in ethischer Hinsicht erstens, dass wir wahrnehmen müssen, wie in besonderen Umständen die Freiheiten der Menschen kraft der gesellschaftlichen (sozialpolitischen, betreuerischen, wirtschaftlichen) Tendenzen immer enger «kanalisiert» werden, bis sie im Extremfall der suizidalen Situation nur noch *eine* «Freiheit» zulassen. Und dass wir deshalb zweitens personal- und sozialethisch alles daran setzten sollten, dass die Freiheiten z.B. auch im Alter, auch bei schwerer Krankheit, nach Zahl, Qualität und Vielfalt durch geeignete Massnahmen und Verhalten geschützt, erhalten und nach Möglichkeit verbessert werden.
- Nicht jeder Suizid ist Ausdruck einer *psychischen Erkrankung* und kann so zum Anlass genommen werden für eine faktische Entmündigung bis hin zum Entzug der «letzten Freiheit», sich selbst umzubringen. Es kann vernunftmässig und auch moralisch verantwortlich begründete Suizidfälle geben[22].

---

22 Vgl. z.B. B. Baertschi, Respect de l'autonomie et bienfaisance: mission impossible lorsque le suicide menace, 1995, 8ff., in: Institut interdisciplinaire d'éthique et des droits de l'homme (ed.)

Vorsichtsregel in der personalen Beziehung

Wie sollen wir im konkreten Fall – als Angehörige, als Betreuer, als Krankenhaus-Personal – dem Suizid-Täter begegnen? Im Respekt vor dem möglicherweise freien Willensentscheid des Anderen und der eigenen Pflicht zur Solidarität stehen wir in einem wohl unauflösbaren Spannungsfeld. Darin können wir:
– weder von der Wahrscheinlichkeit ausgehen, dass sich Suizidanten aufgrund freier, unkonditionierter Willensentscheidung das Leben nehmen;
– noch umgekehrt davon ausgehen, dass jeder Suizid quasi dämonisch ausserhalb des freien Willens, meist als Ursache psychische Krankheit unternommen werde und also eigentlich ein unbedingt «zu vermeidender» Suizid sei.

Das führt mich dazu, im Sinne eines selbst zu verantwortenden (und an kein vorgegebenes Prinzip delegierbaren) Entscheides dennoch *zuerst* von der vorsichtigeren «hermeneutischen Vermutung» auszugehen, dass die betreffenden Menschen *zwar «so nicht leben wollen»* – *aber vielleicht anders* – *leben möchten*, unter anderen Umständen, in anderen Situationen, zu denen sie aber (zur Zeit) keine Handlungsfreiheit haben oder die sie selbst nicht herbeiführen können. Diese Vorsichtsregel trägt auch dem Umstand Rechnung, dass Suizid-Willige, auch wenn sie dies anders empfinden mögen, nicht wirklich in Einsamkeit und gewissermassen als Einsiedler, sondern als Teile von Gruppen und Gesellschaft leben, und dass sie daher auch Pflichten haben, die über die Ich-Selbst-Beziehung hinausgehen: vielleicht gegenüber dem Rettungspersonal, das sie finden muss; vielleicht gegenüber den Krankenschwestern, die sie, im Falle von Rettung, pflegen müssen, vielleicht als Familienvater, -mutter gegenüber Kindern und Familie usw. Hilfe zum Leben ermöglicht Suizidgefährdeten auch, sich diesen Pflichten wieder zu stellen, wenn sie dazu fähig sind.

Unternimmt ein Mensch hingegen wiederholt einen ernsthaften Suizidversuch, so wird sich die «hermeneutische Vermutung» allerdings verschieben müssen und dem Aspekt der Achtung des freien Willens mehr Raum geben. Einen genauen «Wendepunkt» in der Beurteilung der eigenen Pflicht gegenüber diesem Respekt kann allerdings nicht abstrakt angegeben werden – Ethik hat eben nicht die Präzision von Arithmetik, aber sie bietet Erwägungs- und Orientierungspunkte für eigenverantwortliche Urteile.

Sozialethische Folgerungen

Wenn wir dieses Spannungsfeld bedenken, ist sozialethisches Handeln demnach darauf auszurichten:
- die Wahlfreiheit von Lebensformen im Verlaufe der individuellen Leben nicht zu sehr eingeschränkt werden lassen;
- Raum für Anerkennung der menschlichen Würde zu gewährleisten, ein Maximum an physisch und psychisch möglicher Freiheit zu respektieren;
- Angehörige von Menschen, die sich selbst das Leben genommen haben, nicht zu benachteiligen – auch nicht durch Erbrecht und Versicherungen.

Dies zusammengenommen kommt theologisch vielleicht einer Haltung gleich, welche die oben referierten Überlegungen von Platon und Aristoteles, Thomas von Aquin und Luther, Bonhoeffer wie Barth miteinander verbindet: Der Suizid-Täter mag menschlich-moralisch «versagen» – aber er ist damit solidarisch mit allen Menschen, denn keiner wird aufgrund der eignen Heilstaten gerechtfertigt. Und er steht darum nicht ausserhalb der Gnade Gottes und – mit seinen Angehörigen – nicht ausserhalb der christlichen Gemeinde.

Diese Voraussetzung als Grundlage der eigenen theologischen Einstellung gegenüber Suizidgefährdeten anzunehmen heisst auch, die Möglichkeit des (auch von Gott) gerechtfertigten Entscheides zum Suizid zumindest nicht auszuschliessen. Erst die Einsicht in die Nicht-Ausschliessbarkeit eines ethisch begründeten Suizid-Entschlusses ermöglicht meiner Überzeugung nach die Offenheit in der Begegnung mit Suizid-Tätern oder -Gefährdeten. Diese Offenheit aber ist Voraussetzung für die Legitimität sowohl der Prävention wie auch der Beratung und Seelsorge. Sie ebnet den Weg für eine vorsichtige, nicht verurteilende und nicht direktive Prävention wie auch für eine echte, auf der Basis der existenziellen Solidarität ruhenden zwischenmenschlichen Beratung und Seelsorge für Suizidgefährdete und ihre Angehörigen wie ihre Hinterbliebenen.

Andererseits haben die Gemeinde und die Gesellschaft eine Verantwortung,
- Lebensformen und «Umstände» zu gestalten und zu sichern, die niemanden in den selbst verursachten Tod drängen;
- soweit es die personalen Kapazitäten und Fähigkeiten übersteigt dahin zu wirken, dass es für Menschen mit Suizidgedanken Ansprech- und Beratungsstellen gibt, die einladend sich offerieren, die keine Schwellenangst hervorrufen, die frei sind von Vorurteilen auch darüber, ob letztlich ein Suizid moralisch gerechtfertigt sein könne, und die mit Mit-

teln versehen sind, konkret unerträgliche Lebensumstände wenigsten vorübergehend zu verändern. Ein in den letzten Jahren bewährter Weg[23] scheint mir *die Internet-Beratung* zu sein. Sie zeichnet sich durch ein hohes Mass an möglicher Anonymität aus, dadurch, dass die Person nicht von Anfang an ihren – vielleicht nur schwer kontrollierbaren – Gefühlen ausgesetzt ist, dass sie sich an die Beratung vorsichtig heran tasten und schrittweise, nach eigener Einschätzung, ihre Persönlichkeit dem Berater/der Beraterin gegenüber öffnen kann;

– das Thema des Suzids in der Gesellschaft – ich meine das hier nicht abstrakt, sondern: in den kleineren und grösseren Lebensgemeinschaften, in den Kirchen und Gemeinden, in Vereinen und in den Medien – zu enttabuisieren ohne es gleichzeitig zu banalisieren.

Im Rahmen dieser Enttabuisierung und Öffnung des Gesprächs über den Suizid, die ich als soziale Prävention verstehe, scheint es mir aber wichtig und redlich, auch Suizidgefährdete daraufhin zu ermahnen, dass sie nicht nur Rechte (womöglich des Suizids), sondern auch «Pflichten im Leben» haben – Pflichten ihrer unmittelbar sozialen Umwelt gegenüber wie gegenüber der Gesellschaft als *«polis»*; und dass sie nicht andere durch ihre Tat in Depression, Unmöglichkeit weiterer Berufsausübung usw. «zwingen», sondern sich kurativen Zugängen öffnen sollen.

Vielleicht ergibt sich aus erweiterten Lebensmöglichkeiten, durch verbesserte Umstände und durch den Hinweis auch auf Pflichten desjenigen, der selbständig aus dem Leben scheiden will, auch wenn dieser Hinweis zunächst «moralisierend» wirkt, so etwas wie neuer «Sinn im Leben».

Auf der Suche nach Kriterien für die Praxis

Zwei Argumentationstypen stehen oft im Hintergrund der ethischen Diskussion zum Suizid:

Auf der einen Seite die*«Pflicht- bzw. Prinzipien-Ethik» (deontologische Ethik),* die besagt, dass ethische Sollensaussagen sich in ihrer Begründung auf allgemeine Prinzipien von unbedingten Pflichten stützen, die möglichst allgemein einsichtig sein und der Prüfung der Universalisierbarkeit («kategorischer Imperativ» Kants) standhalten müssen. Diese Begründungsfigur sieht ab von Unwägbarkeiten der Situation und der Person. Sie erlaubt damit klare abstrakte Aussagen, ist aber unflexibel für verschiedene, konkrete Situationen. «Du sollst nicht töten» wird dann

---

23 Ich beziehe mich auf die Erfahrungen von E. Aebischer-Crettol; vgl. seinen Beitrag in diesem Band.

z.B. – was ich für einen unbiblischen Gebrauch des Gebots halte – zum
kategorischen Leitsatz betreffend der ethischen Einschätzung einer Suizidhandlung.

Die *Folgen- bzw. Handlungsethik (teleologische Ethik)* auf der anderen
Seite bemisst die moralische Qualität einer Handlung/Entscheidung nach
deren Ziel/Zweck bzw. nach ihren Folgen. Hier hat nicht das Prinzip Vorrang vor aller «Anwendungsproblematik», sondern für die Folgenbewer-
tung ist die Kenntnis der näheren Umstände der Situation, die Situation
der entscheidenden Person, also der Kontext wichtig.

In der Geschichte war es fast immer eine Pflicht- oder Prinzipien-Ethik,
die zur moralischen Disqualifikation des Suizids führte – und damit zur
gesellschaftlichen Ächtung dieses Tuns ebenso beitrug wie zur kirchlichen
und sozialen Ausschliessung der Angehörigen von Suizid-Tätern aus der
Gesellschaft.

*Verbindung beider Methoden zur Gewinnung ethischer
Orientierungspunkte*

Für eine christliche Ethik sehe ich die Notwendigkeit, *beide Denkansätze
zu verbinden*: Für einen *generellen Orientierungsrahmen*, der dem be-
zeugten Willen und der Einladung (Zumutung) Gottes zu einer ethisch
verbindlichen Existenz entspricht, ist der pflichtethische Ansatz unabdingbar. Aber er allein führt gegebenenfalls zu inhumanen Urteilen, weil
die *Prinzipien in aller Regel von anderen für andere aufgestellt wurden*
und sie nicht der sittlich autonome, Gott verantwortliche Mensch (in der
Folge des notwendigen Diskurses mit anderen) sich selbst gegeben hat.
Der christliche Glaube denkt einen *lebendigen, dynamischen Gott*, dessen
Gebot in der konkreten Situation wahrhaft wird – und dessen Wille nicht
in «Prinzipien» eingegrenzt werden darf, die immer von Menschen auf
theologisch-philosophischem Weg konstruiert oder rekonstruiert sind.
Etwa durch biblische Exegese, bei der mit Hilfe von Geschichten und Er-
zählungen die Absicht Gottes «wiederherzustellen» versucht wird –
allerdings mit Bezug auf Situationen und damit Ausgangslagen, die zwei
Jahrtausende später gewiss nicht mehr dieselben sind wie damals.

In der Sichtweise einer deontologischen Ethik gilt ein Suizid als verboten, weil er dem Gebot (dem Prinzip) der Nichtverfügbarkeit des Lebens
durch die Menschen widerspricht. Allerdings ist schon im Rahmen dieser
Pflicht-Logik nicht einsehbar, warum es für das Töten generell (so etwa
für die Tierschlachtung, die Jagd), speziell aber auch für das Töten von
Menschen (etwa im Kriegsdienst, in Notwehr, in gewissen Kulturen für
die Todesstrafe) gerechtfertigte Ausnahmen gibt. Welche Ausnahmen

müssten – mit welchen Gründen – auch für das Suizid-Verbot gedacht werden? Häufig wird theologisch mit dem Willen Gottes oder der Herrschaft Gottes bzw. der Achtung der Schöpfung argumentiert, über die wir kein Verfügungsrecht haben. Von ihrer Tendenz her «riechen» mir diese theologischen Erwägungen im Grunde zu sehr nach sekundären Rationalisierungen, d.h. nach Begründungen, mit denen theologisch zu untermauern versucht wird, was vorher, gewissermassen im moralischen Vorurteil, bereits beschlossen war: Suizid darf nicht sein. Dieses Vor-Urteil ist verständlich, weil jeder Suizid auch einen gleichsam moralischen Angriff auf meine eigene und jede Person darstellt, die schliesslich auch mit allerhand Problemen zurecht kommen muss und sich nicht einfach ihren Verpflichtungen entziehen kann. Die gesellschaftliche Abwehr der in gewisser Weise latent vorhandenen Versuchung eines suizidalen Eskapismus (Flucht aus Verantwortung) ist deshalb verständlich. Aber kommt in dieser theologischen Verwerfung selbst der *erwägenswerten Möglichkeit* des Suizids – einer, wie Bonhoeffer hervorhob, eigentlich nur Menschen zugänglichen Denk- und Handlungsweise – das Eigentliche der Gott-Mensch-Beziehung zur Sprache, die doch zuerst immer Annahme und Zuspruch meint statt Inanspruchnahme, Rechtfertigung vor Verurteilung, Einladung zum guten Leben statt Verbot, aus einem unguten Leben auszuscheiden? Gerade von einem ur-theologischen, nicht zuerst ethisierenden Ansatz her müssten m.E. Theologie und Kirche freiere, wahrhaft verstehen wollende, Gemeinschaft anbietende statt noch mehr ausschliessende Ansätze entwickeln können.

Biblisch lässt sich eine solche «sekundäre Rationalisierung» einer vorrationalen Einschätzung schwer begründen: Es findet sich wohl nicht zufällig in der heiligen Schrift keine einzige Verurteilung des Suizids. In der Theologiegeschichte ist deshalb – wie bereits erwähnt – oft u.a. mit dem Rückgriff auf die *Natur* versucht worden, den Suizid zu diskreditieren: Suizid widerspreche dem «*natürlichen Lebenstrieb*», gleichsam dem eingebauten Uhrwerk der *Natur*, das unentwegt und normativ vorwärts treibt. Aber es handelt sich hier nicht um ein Abbild der menschlichen Natur (sie hat offenbar schon seit Urzeiten den Suizid gekannt), sondern um Denk-Konstrukte, die ganz und gar von Menschen «erfunden» wurden und keine unmittelbar biblisch oder göttlich inspirierte Annäherungen an ein offenbares Existenzproblem der Menschen darstellen. Diese «Natur» ist darüber hinaus eine schwammige Instanz zur Begründung ethischer Verhaltensweisen. In gewisser Hinsicht ist alles, was wir Menschen gerade als Geschöpfe Gottes tun für unser Leben, wie ein Gegenstück zur «natürlichen Natur»: Wir bauen, wir pflügen, wir gestalten also die Natur, gerade indem wir ihre Gesetzmässigkeiten nutzen, und wandeln sie um. Wir können nicht anders leben als mittels Eingriffen in die

Natur – so nehmen wir etwa auch Krankheiten nicht einfach als Erscheinungen der Natur wahr, denen wir uns beugen müssen. Wären so gesehen auch Medizin und Lebensverlängerung *per se* unerlaubte Eingriffe in die Natur? Weder aus der natürlichen Natur noch aus dem rekonstruierten menschlichen Begriff der «Natur» ergeben sich somit verlässliche Massstäbe – die Berufung auf die Natur als ethischen Massstab verdeckt eher einen Zirkelschluss, weil es immer die Menschen sind, die zunächst definieren müssen, was der Zweck der letztlich nicht greifbaren Natur sei.

In der Sichtweise einer auch Ziel- und Handlungsfolgen bedenkenden Ethik, die auf diskursiv vereinbarte normative Gesichtspunkte zielt, kann als theologischer Orientierungsrahmen m.E. allein die Qualität der Gottesbeziehung für adäquate ethische Urteile zur Sprache gebracht werden, nicht jedoch ein abstrahiertes, durch Theologen und Kirchenleute konstruiertes Prinzip wie z.B. «das Recht auf Leben». Dabei kommt auch ins Blickfeld, dass es nicht nur prinzipiell gutes und radikal schlechtes Handeln gibt, sondern in konkreten Situationen verschiedene Grade und Differenzierungen von sündhaftem und gottgefälligem Tun. Oft können wir nur zwischen zwei Handlungsweisen die weniger schlechte wählen. Dabei haben wir, dies muss immer wieder hervorgehoben werden, die Gewissheit, dass es gerade nicht die eigene Rechtschaffenheit ist, die uns Gottes Liebe versichert, sondern dass Gottes Zuwendung unverdient ganz von ihm kommt, für die sog. Gerechten wie die Ungerechten. Nur in der Gottesbeziehung kann somit existenziell zur Erfahrung kommen, was theologisch – nicht moralisch und nicht rechtlich – erlaubt oder verboten ist. In diesem Horizont des Glaubens ist durchaus denkbar, dass der unseren Denkstrukturen unverfügbare Gott in konkreten Fällen, wenn das zu tragende Leben untragbar wird, *Suizid für das Zulässige, ja Gebotene hält.* Nur: Dies entzieht sich zwischenmenschlicher Kontrolle und abstrakter ethischer Regulierung, sondern spielt sich ab als Konkretion des ethischen Urteilens im persönlichen Gewissen, das hoffentlich nicht in Einsamkeit, sondern in Kommunikation mit anderen steht. Die Achtung vor Gottes Autonomie und damit vor der Autonomie und dem Gehorsam der Glaubenden ihr gegenüber verpflichtet uns eigentlich, vorbehaltlose und damit auch *vorwurfsfreie Achtung zu haben vor Menschen, die aus uns nicht zugänglichen Gründen Suizid versuchen oder begehen. An uns liegt es, uns zu vergewissern, dass wir alles uns Zumutbare unternehmen und die Lebensumstände so gestalten, dass niemand Suizid begehen muss bzw. begeht, es sei denn aus seinem freien und begründeten Willen.*

Freiheitsgrade im Rahmen der Lebensqualität ermöglichen

Auch in folgenethischer Hinsicht[24] kann der Entscheid zum Suizid (oder Suizidversuch) moralisch *verwerflich* sein, *wenn* der Suizid gleichsam als Waffe, als Instrument eingesetzt wird, etwa um andere Menschen zu schädigen, zu strafen, ihnen etwas heimzuzahlen – oder auch um sich sozialen oder familiären Verpflichtungen zu entziehen. *Verwerflich* ist also *nicht der Selbsttötungsakt an sich (prinzipiell und als Mittel), sondern sind allenfalls bestimmte Zwecke* bzw. Folgen, die damit angestrebt werden.

Folgenethische Argumente sprechen deshalb auch gegen die – offenbar häufige – Form des Suizids aus *Rachemotiven*. Warum kommt es zu solchen Suiziden? Wolf stellt in diesem Zusammenhang die harte Frage: «Wären wir dagegen bereit, einen ehrenhaften oder tapferen Suizid anzuerkennen, und würden Menschen dazu ermuntert, ihre Gedanken und Beweggründe mitzuteilen und offen darzulegen, so wäre das weniger tückisch und vielleicht auch weniger wirksam als Vertuschen oder Andeutungen.»[25]

Gerade auch schwerkranken, stark leidenden Menschen, die sehr ernsthaft Suizid erwägen, wäre eine solche Atmosphäre der Offenheit ein Stück Befreiung aus der Einsamkeit. Über diese Absichten mit jemandem reden zu können in der Gewissheit, dass niemand mich dazu verpflichten darf noch will, ein unerträgliches Leben zu leben – denn niemand anders als ich selbst kann die Last ja tragen –, könnte zur Enttabuisierung der Grenzfrage bei Suizidgefährdeten beitragen – denn er/sie selbst steht ja nicht nur im Dunkel des Tabus, das sie von Kommunikationsmöglichkeiten abschneidet, vielmehr tragen sie selbst wie in einem Teufelskreis zur Tabuisierung des Suizids bei, indem sie sich nicht mitteilen. Wenn die äusseren Umstände von der Umwelt so gut wie irgend möglich gestaltet worden sind, wenn die Pflege und die Kommunikation «stimmen», dann spricht aus meiner Sicht kein ethischer Einwand gegen die Entscheidung, sich selbst das Leben zu nehmen – wenn sie denn auf der Basis einer hinreichenden Freiwilligkeit und in vernünftigem Abwägen der in Frage stehenden Güter getroffen wird. Es darf doch weder aus christlicher noch philosophisch-ethischer Sicht eine «Verurteilung zum Leben» geben.

In dieser Richtung gewissermassen mit umgekehrten Vorzeichen muss weiter gedacht werden: *Wie steht es mit der Beurteilung des Suizids*, wenn er nicht nur für den betroffenen Menschen, sondern sogar *für andere oder für die Gesellschaft eine Wohltat* sein kann? Modernste, unbedingt, also nicht auf konkrete Lebenssituationen Rücksicht nehmende lebensverlän-

---

24 S. hierzu bes. J.-C. Wolf, Suizid aus religiöser, rationaler und moralischer Perspektive, 1991, zitiert nach dem Nachdruck 1995
25 J.-C. Wolf, ebd., 1995, 36

gernde medizinische Technik ruft nach dieser Frage. Sie muss erörtert werden ohne den stetigen Argwohn, dass die Anforderung der Freiheit zur Lebensverlängerung oder zum Verzicht darauf nicht gewährleistet sei. In jedem Fall ist die Freiheit mit ihren beiden Komponenten, der subjektiven Entscheidungs- und der objektiven Handlungsfreiheit, begrenzt als die Freiheit so zu leben, wie es die Umstände gestatten, statt so, wie ich mir das Gesund-Sein wünsche. Auch im Falle einer ramponierten Freiheit erachten wir den Entscheid, am Leben zu bleiben, nicht als unfreiwillig; dasselbe muss auch im gegenteiligen Fall gelten. Auch lebensverlängernde Techniken dürfen nicht gleichsam als neues Prinzip oktroyiert werden, ohne der konkreten Lebensdienlichkeit Rechnung zu tragen.

Freiheit und soziale Beziehung

Im Bezug auf den Suizid haben wir es in ethischer Perspektive nicht mit autarken Lebewesen, sondern mit Menschen in einem Beziehungsnetz zu tun, in dem der einzelne nicht allein und isoliert da steht wie ein Obelisk auf einem menschenleeren Platz. Deshalb kann auch nicht eine «solipsistische Freiheit» das einzige Kriterium sein für die Beurteilung des Suizids. Freiheit selbst kann nicht solipsistisch gedacht werden, denn sie ist selbst eine Beziehungsgrösse: als «Freiheit von» und «Freiheit zu». Von Freiheit kann man nur sprechen im Verhältnis zu anderen Menschen und ihren Ansprüchen und Leistungen, also im Kontext von Gesellschaft: Selbst negative Freiheit, «Freiheit von...» setzt ein menschliches Gegenüber voraus – und dieses Gegenüber hat selbst denselben Anspruch wie ich. Meine Freiheit findet ihre Grenze also in der Freiheit des Anderen (Rosa Luxemburg): Deshalb sind für mich Freiheit und Verantwortung Korrelate, gleichsam Zwillinge.

Individual- und personalethische Aspekte

Auch wer sich aus gut durchdachten, vernünftigen Gründen zum Suizid entscheiden will, steht deshalb vor einer Verantwortungsaufgabe, die seine Suizid-Freiheit in Bezug zu Freiheiten und Bedürfnissen anderer stellt; und diese Verantwortung verlangt, die Folgen des eigenen Tuns für andere zu bedenken. Dies ist die notwendige Erweiterung der Perspektive der Individualethik auf die Personal- und Sozialethik. Diese Zusammenhänge sind immer dann von Bedeutung, wenn es noch Möglichkeiten des Dialogs, der Beratung mit Suizidwilligen gibt – und sie haben sowohl eine Bedeutung bei Suizidversuchen wie auch für die Bewältigung des Schocks von Hinterbliebenen.

Die Verantwortung bezieht sich auch auf die *Wahl der Mittel*: Keine Verzweiflung rechtfertigt z. B., dass die eigenen Kinder oder ein Lokführer allein vom Anblick eines Selbsttötungsaktes lebenslange Folgen zu tragen haben. Das Ziel des Suizids als Ausdruck des letzten Selbstbestimmungsrechts an seiner äussersten Grenze[26] rechtfertigt nicht automatisch die dafür eingesetzten Mittel.

Berufsethische Aspekte

Auch wenn wir anerkennen, dass es einen vernünftigen, gewissermassen verantworteten Suizid gibt – enthebt uns dies der Pflicht, in einer konkreten Situation, einen Suizid nicht zu verhindern zu versuchen; keine Hilfe zu leisten? Dies stellt sich mit Sicherheit immer wieder als herausforderndes Problem, so etwa in Intensivabteilungen von Spitälern.

Bei der Abwägung der Umstände komme ich unter Aufnahme der obigen Erwägungen und bei der gebotenen «hermeneutischen Vorsicht» zu folgendem persönlichen Schluss für die berufliche Praxis: Bei jedem Suizidversuch besteht eine objektive Wahrscheinlichkeit, dass dabei noch nicht ganz definitiv der Tod intendiert ist (die verschiedenen in der Beratungspraxis und in der Literatur unterschiedenen Motive sollen hier nicht aufgezählt werden). Bei dieser Sachlage verpflichtet die sittliche Vorsicht, von dieser bekannten Risiko-Wahrscheinlichkeit auszugehen, weil nur diese Deutung des Suizids noch einen Ausweg ins Leben offen lässt. Dagegen ist die Missachtung des Willens des Suizidalen von geringerem Gewicht, weil sich die Folge meines Tuns – Lebensrettung – prinzipiell umkehren lässt. Das tatenlose Danebenstehen, der Verzicht auf Hilfe aber würde zum unumkehrbaren Tod führen. Das bedeutet nun eben nicht, dass wir dabei den suizidalen Menschen oder den Suizid-Akt gering achten; aber wir haben als Helfer, Sanitätspersonal usw. bei der Einschätzung der Lage eben nicht generell vom moralischen und liberalen Helden auszugehen, der in heroischer Freiheit aus dem Leben geht. Sondern wir müssen uns in der Normalität des gewöhnlichen Alltags an den real lebenden Menschen in ihren Widersprüchen ausrichten – und aus Vorsicht mit der legitimen Grundvermutung agieren: ein Engagement für das Leben ist legitimer als ein Abseitsstehen.

---

26 Es ist ein Selbstbestimmungsrecht mit einer Handlung wirklich an der Grenze, an der die Freiheit und das Selbstbestimmungsrecht schon mit dem Akt selbst aufhören – weil dann keine Freiheit mehr besteht, den Akt rückgängig zu machen, zu korrigieren, andere um Verziehung zu bitten. Der Suizid als selbstbestimmter und in dem Sinne freier Akt an der äussersten Grenze des Denkbaren bedeutet also gleichzeitig die Perversion der Freiheit, auf die er sich beruft.

Erst bei nachhaltiger Anzeige des Suizid-Willens, jedenfalls im mehrfachen Wiederholungsfall, gilt es – wie weiter oben begründet – diesen Willen ganz ernst zu nehmen, zu achten und den Vollzug nicht zu vereiteln. Die Achtung des Selbstbestimmungsrechts bei sorgfältigem Abwägen der Wahrscheinlichkeit, dass der eigentliche freie Wille zum Zug kommt, braucht dann keine Gewissensbisse auszulösen.

Zum Schluss: ein sozialethischer Aspekt

Auch der Suizidwillige müsste in der Beratung – in der existentiellen Einsamkeit, in der wohl die meisten Suizide beschlossen werden, ist dies situationsbedingt besonders schwierig – *seine Verantwortlichkeiten bedenken*: der Familie, der Nachwelt, und jener gegenüber, die in seine Ausbildung investiert haben gegeben. Die Erwägung dieser Elemente darf aber nicht von aussen – und jedenfalls nicht nach dem Suizid durch moralische Vorwürfe von Dritten gemacht werden. Dann haben die Lebenden je nach ihren Pflichten zu fragen. Durch den Abbau der Tabuisierung und den offenen Diskurs in unserer Gesellschaft, der auch die Frage nach der moralischen Zulässigkeit des Suizids Raum geben muss, kann in dieser Beziehung wohl der wichtigste Beitrag geleistet werden.

Bibliographie

Aebischer-Crettol, E.: Seelsorge und Suizid. Seelsorge mit Hinterbliebenen, die von einem Suizid betroffen wurden, Bern: Lang, 1998

Aebischer-Crettol, E.: Aus zwei Booten wird ein Floss, Suizid und Todessehnsucht: Erklärungsmodelle, Begleitung und Prävention, Zürich 2000

Améry, J.: Hand an sich legen, Diskurs über den Freitod, Stuttgart 1976

Aristoteles: Nikomachische Ethik, Nach der Übersetzung von E. Rolfes, bearbeitet von G. Bien, Hamburg/Darmstadt: Meiner/Wissenschaftl. Buchgesellschaft, 1995

Baettig, D. u. a. Suicide: quelle réalité, quelle intervention, quelle prévention? Dossier, Luzern: Caritas Suisse, 2000

Baertschi, Bernhard, Respect de l'autonomie et bienfaisance: mission impossible lorsque le suicide menace, 1995, 8ff., in: Institut interdisciplinaire d'éthique et des droits de l'homme (Hg.)

Barth, K.: Kirchliche Dogmatik III/4, Zürich: EVZ, 1981

Bonhoeffer, D.: Ethik, Gütersloh, 1998

Brunner, E. Das Gebot und die Ordnungen, Zürich: TVZ, 1932

Christ-Friedrich, A.: Suizid, II.: Theologisch, in: TRE, Bd. XXXI, 2002

Eibach, U.: Suizid (Selbstmord), in: ESL Evangelisches Soziallexikon. Stuttgart: Kohlhammer, Sp. 1574-1577, 2001

Hoheisel, K.: Suizid, I.: Religionsgeschichtllich. In: Theologisch, in: TRE, Bd. XXXI, 2002

Holderegger, A.: Suizid und Suizidgefährdung: Humanwissenschaftliche Ergebnisse – Anthropologische Grundlagen, Freiburg i.Ue./ Freiburg i.Br.: Universitätsverlag/ Herder, 1979

Holderegger, A.: Recht auf den eigenen Tod, Reformatio, 35. Jg., Nr. 1, 55-63, 1986

Holderegger, A.: Suizid, ethisch, in: Lexikon der Bioethik (Pdf-Version), Gütersloh: Gütersloher Verlagshaus, 495-499, 2000

Hume, D.: On Suicide, Essay, 1799

Idinger, W.P., Eser, A., Holderegger, A.: Suizid (Zum Problemstand – Rechtlich – Ethisch), in: Lexikon der Bioethik, Gütersloh, 490-499, 2000

Institut interdisciplinaire d'éthique et des droits de l'homme (Hg.), Marti, U. u. a.: Le devoir de sauver ceux que veulent se suicider est-il absolu? – Gibt es eine absolute Pflicht, Suizidgefährdete zu retten? Documents préparatoires de la journée inter-disciplinaire (23 novembre 1995), Fribourg: Institut interdisciplinaire d'éthique et des droits de l'homme / Société suisse d'Ethique Biomédicale, 1995

Kant, I.: Werke in zehn Bänden, Herausgegeben von Weischedel, W., Darmstadt: Wissenschaftliche Buchgesellschaft, 1983

Nietzsche, F.: Also sprach Zarathustra. Aus dem Nachlass 1882-1885 (m. Einleitung u. Nachbericht v. E. Förster-Nietzsche), in: Nietzsches Werke, VII, Leipzig: Alfred Kröner, 1909

Platon: Werke in 8 Bänden; griechisch und deutsch; deutsche Übersetzung von F. Schleiermacher, Darmstadt: Wissenschaftliche Buchgesellschaft, 1990

Pohier, J. u. a.: Suizid – Recht auf den eigenen Tod? (Themaheft) Concilium, vol. 21, 163- 233, 1985

Rich, A.: Wirtschaftsethik (I), Grundlagen in theologischer Perspektive, Gütersloh: Gütersloher Verlagshaus, 1991 u. spät. A.

Saenger, H.: Selbstmord, III: Ethisch, in RGG³, V, S. 1675ff., 1949

Soe, N. H.: Selbstmord, I. Religionsgeschichtlich, Sp. 1676, in: RGG³, V, Sp.1675ff., 1949

Wolf, J.-C.: Suizid aus religiöser, rationaler und moralischer Perspektive, in: Praktische Philosophie, Grundorientierungen angewandter Ethik, Bayertz, K. (Hg.), Reinbek b. Hamburg: Rowohlt, 1991

Wolf, J.-C.: Suizid aus religiöser, rationaler und moralischer Perspektive, in: Institut interdisciplinaire d'éthique et des droits de l'homme (Hg.), Gibt es eine absolute Pflicht, Suizidgefährdete zu retten?, 34-40 (Abdruck des Beitrages von 1991), 1995

Erwin Murer

JURISTISCHE ASPEKTE UND KONSEQUENZEN EINES SUIZIDS IM BEREICH DER SOZIALVERSICHERUNGEN

Einleitung

Ich stelle zwei Fragen an den Beginn meiner Ausführungen, denen ich im Folgenden nachgehen möchte:
– Welches sind die Leistungen der Sozialversicherung an die Hinterbliebenen bei Suizid und an den Versicherten selbst bei «Misslingen» des Suizids?
– Wie ist das in Beantwortung der ersten Frage gefundene Ausmass des Versicherungsschutzes sozialpolitisch zu beurteilen? Genügt es oder genügt es nicht?

Weil ich Jurist bin und nicht Sozialpolitiker, lege ich das Hauptgewicht auf die erste Frage. Sie zu beantworten hat sich ohnehin als komplizierter erwiesen, als ich selbst ursprünglich angenommen hatte.

Voraussetzungen

Unter «Sozialversicherungen» verstehe ich die Sozialversicherungszweige auf *Bundesebene*. Es gibt ja auch ein kantonales Sozialversicherungsrecht, hauptsächlich im Bereich der Familien- und Kinderzulagen. Davon soll hier nicht die Rede sein.

Nicht behandelt werden die privatversicherungsrechtlichen Aspekte. Zusammenfassend lässt sich immerhin folgendes sagen: Das Bundesgesetz über den Versicherungsvertrag von 1908 (VVG) schliesst in Art. 14 Abs. 1 die Versicherungsdeckung nach Suizid und Suizidversuch aus. Doch können die Versicherer davon abweichen. So wird etwa gemäss allgemeinen Versicherungsbedingungen nach einer Karenzfrist von 3 Jahren der Suizid oft gedeckt. Auf alle Fälle versichert ist der im Zustand der Urteilsunfähigkeit begangene Suizid oder Suizidversuch; allerdings kann auch er in den allgemeinen Versicherungsbedingungen ausgeschlossen werden, wobei der Ausschluss bestimmt und unzweideutig sein muss. Das Recht zum Ausschluss erklärt sich aus der Vertragsfreiheit.

Dem Anlass gemäss handelt es sich vorliegend nicht um eine rechtswissenschaftliche Abhandlung. Auf Fussnoten wird verzichtet; da und dort fehlt es an den vertieften Begründungen. Ausserdem wird der Vortragsstil beibehalten. Der besseren Lesbarkeit wegen wird in der Regel die männliche Form gebraucht.

Bevor ich die mir gestellten Fragen zu beantworten suche, möchte ich zwei grundsätzliche Vorbemerkungen machen:

– Erstens bedient sich die Sozialversicherung mehr oder weniger der *Technik der Versicherung,* so dass nur *ungewisse* Ereignisse überhaupt versicherbar sind. Dies leuchtet ohne weiteres ein, denn wären die versicherten Ereignisse gewiss, wäre die Technik der Versicherung gar nicht einsetzbar. Denn wer will schon Prämien an ein Schadensausgleichsystem zahlen, das auch jene entschädigt, die z. B. ihr eigenes Haus absichtlich anzünden? Diese Überlegung gilt logischerweise auch für den Suizid. Beim Suizidversuch kann man immerhin argumentieren, die betreffende Person habe nur den Tod gewollt und nicht auch die Verletzungen, mit denen sie gar nicht rechnete. Immerhin muss sie aber das Misslingen in Kauf nehmen, so dass diese Überlegung nur beschränkt zutrifft.

– Das Versicherungsprinzip kennt aber Ausnahmen:
Eine *erste* und in der praktischen Umsetzung sehr schwierig zu beweisende und damit vielfach umstrittene Ausnahme wird gemacht, wenn der Suizid oder der Suizidversuch im Zustand der *Urteilsunfähigkeit* begangen worden ist. Genau genommen handelt es sich hier gar nicht um eine Ausnahme, wie sich aus den nachstehenden Darlegungen ergibt.
Eine *zweite* und wenig umstrittene Ausnahme ist gegeben, wenn ein schwerer Unfall oder eine schwere Krankheit, einschliesslich Berufskrankheit, den Betroffenen *in den Suizid getrieben* hat.
Und eine *dritte,* ebenfalls kaum bestrittene, aber wichtige Ausnahme vom Versicherungsprinzip liegt vor, wenn der Gesetzgeber oder mindestens die Praxis aus *sozialpolitischen* Überlegungen vom strikten Versicherungsprinzip abweicht. Und er tut es ausgiebig, wie wir sehen werden.

Im Rahmen dieser Vorbemerkungen möchte ich nur die Ausnahme der *Urteilsunfähigkeit* etwas ausführlicher behandeln. Die andern Gesichtspunkte kommen später zur Sprache.

Auf die Urteilsfähigkeit bzw. -unfähigkeit kommt es praktisch nur bei der sozialen Unfallversicherung an. Wie wir aber festgestellt haben, wird auch in der Privatversicherung dieser «pathologische Suizid» häufig gedeckt.

Ein im Zustand der Urteilsunfähigkeit begangener Suizid oder Suizidversuch *rechtfertigt zum Vorneherein die Versicherungsdeckung*. Denn wenn der Person aus bestimmten, vom Recht anerkannten Gründen die Fähigkeit fehlt, die Konsequenzen ihres Tuns *einzusehen* (das ist das verstandesmässige Element der Urteilsfähigkeit) und/oder ihrer Einsicht entsprechend zu *handeln* (neben dem Verstandeselement ist somit immer auch dieses *Willenselement* zu beachten), dann ist die versicherte Person eben gerade nicht «selber verantwortlich». Dieses Handeln darf und kann ihr rechtlich nicht zugerechnet werden. Es gilt der Grundsatz: Kein *Verschulden ohne Urteilsfähigkeit!* Natürlich ist entscheidend, was denn die Voraussetzungen sind, um auf Urteilsfähigkeit bzw. -unfähigkeit erkennen zu können bzw. zu müssen. Der Begriff der Urteilsfähigkeit richtet sich im Sozialversicherungsrecht nach dem Schweizerischen Zivilgesetzbuch. Wer handlungsfähig ist, hat die Fähigkeit durch seine Handlungen Rechte und Pflichten zu begründen (Art. 12 ZGB). Die Handlungsfähigkeit besitzt, wer mündig, d. h. das 18. Lebensjahr vollendet hat, *und urteilsfähig* ist (Art. 13 und 14 ZGB). Urteilsfähig ist jeder, dem nicht wegen seines Kindesalters oder infolge von Geisteskrankheit, Geistesschwäche, Trunkenheit oder ähnlichen Zuständen die Fähigkeit mangelt, vernunftgemäss zu handeln (Art. 16 ZGB). Wer aber nicht urteilsfähig ist, vermag unter Vorbehalt gewisser Ausnahmen durch seine Handlungen keine rechtliche Wirkung herbeizuführen (Art. 18 ZGB). Im Zusammenhang unseres Themas steht Art. 16 ZGB im Zentrum. Die dortige Aufzählung der Gründe, die zur Urteilsunfähigkeit führen können, ist abschliessend, doch im Einzelnen auf verwandte Tatbestände ausdehnbar. Neben Kindesalter ist auch das Greisenalter als Ursache anzuerkennen. Der Trunkenheit gleichzustellen sind Schlaf, Schock, Narkose, Fieber, Delirium, Hypnose, Somnambulismus (Schlafwandeln), hysterische und epileptische Dämmerzustände und dergleichen mehr.

Urteilsunfähigkeit liegt aber selten vor. Das hat wesentlich damit zu tun, dass die Urteilsfähigkeit bzw. Unfähigkeit dem *Grundsatz der Relativität* unterliegt: Die Verstandes- und/oder die Willensfähigkeit muss *bezüglich der suizidalen Handlung* und damit auch *zur Zeit* der Tat fehlen bzw. gefehlt haben. Jemand kann somit – und zwar zur gleichen Zeit – bezüglich der einen Handlung urteilsfähig und bezüglich einer andern urteilsunfähig sein. Welchen Zeitraum die «Zeit der Tat» umfassen kann und darf, soll hier offen gelassen werden, die Frage kann nur im Einzelfall und in Zusammenarbeit mit der Psychiatrie beantwortet werden. Tatsächlich wird meistens eine psychiatrische Begutachtung notwendig werden. Der Gutachter oder die Gutachterin muss *post factum* feststellen, ob der Proband oder die Probandin im Zeitpunkt des Suizids urteilsunfähig war oder nicht. Das ist in aller Regel ein sehr schwieriges Unterfangen.

Wie erwähnt geht es aber nicht nur um die Einsichtsfähigkeit, sondern auch um die *Willensfähigkeit*. Mit andern Worten: Eine Person kann zwar u. U. durchaus einsehen, dass der Suizid «keine Lösung» ist. Doch sie bringt *den Willen* nicht auf, *der Einsicht entsprechend zu handeln*. Der Wille des Versicherten muss nicht nur auf die schädigende Handlung gerichtet gewesen sein, sondern auch auf deren Erfolg, den Tod. Nach einem Urteil des Eidgenössischen Versicherungsgerichts zur Invalidenversicherung sind deshalb die Folgen des Suizidversuchs versichert. M. E. kann man dem zustimmen. Eine andere Situation liegt in der sozialen *Unfallversicherung* vor: Dort geht es um den Unfallbegriff, so dass die Unterscheidung wegfällt (s. dazu später). Allerdings ist diese Meinung nicht unumstritten.

Die Leistungen der einzelnen Sozialversicherungszweige bei Suizid und Suizidversuch

Suizid und Suizidversuch können zu den folgenden *Kosten bzw. Leistungsbedürfnissen* führen. Rettungs- und Transportkosten, Beerdigungskosten und Hinterlassenenrenten nach Suizid; Heilkosten, Eingliederungs- bzw. Rehabilitationskosten, Lohn- und Erwerbsausfall, Kosten bei Hilflosigkeit und Entschädigungen für Verletzungen der körperlichen und seelischen Integrität nach Suizidversuch. Im Einzelfall können die Kosten in die Millionen gehen, vor allem dann, wenn es zu einer lebenslänglichen vollen Invalidität (Erwerbsunfähigkeit) kommt und gleichzeitig noch Angehörige zu unterstützen sind.

Von den zehn Sozialversicherungszweigen auf Bundesebene kommen für den Ersatz dieser Kosten die folgenden in Frage: Die Alters- und Hinterlassenenversicherung (AHV), die Invalidenversicherung (IV), die Ergänzungsleistungen (EL), die berufliche Vorsorge (BerV), die soziale Krankenversicherung (KV), die soziale Unfallversicherung (UV) und die Militärversicherung (MV). Die MV wollen wir hier nicht weiter verfolgen. Auf alle Fälle leistet sie nur einen Beitrag, wenn der Suizid bzw. Suizidversuch in einem Kausalzusammenhang zum Militärdienst steht. Ihre Leistungen sind dabei besser als jene aller andern Sozialversicherungszweige.

Nach jedem Suizid ist zu prüfen, *welcher* dieser Zweige Leistungen erbringen muss (wobei es häufig vorkommt, dass mehrere Sozialversicherer *gleichzeitig* Leistungen zu erbringen haben, was dann zur Frage führt, ob im Einzelfall die Leistungen kumuliert werden dürfen oder koordiniert bzw. gekürzt werden müssen). Bei jedem Zweig ist der persönliche und der sachliche Geltungsbereich der ihn regelnden Gesetze zu beachten, denn es ist nicht so, dass *jedermann* bei *allen* zehn Sozialversicherungs-zweigen versichert wäre und dass jedes nur denkbare Risiko von allen Zweigen gleichzeitig versichert würde. Das Gegenteil ist wahr. Deswegen gehe ich mit folgenden Fragen an die *einzelnen Zweige*: Wer ist jeweils versichert? Welche suizidrelevanten Risiken werden vom betreffenden Zweig versichert? Welche Leistungen kommen bei Suizid bzw. Suizidver-such in Frage, wie hoch fallen sie im Einzelnen ungefähr aus?

Alters- und Hinterlassenenversicherung

Die AHV ist eine *Volksversicherung*. Jung und alt sind somit versichert, einschliesslich hinterlassene unmündige Kinder.

Das einzige für unser Thema relevante versicherte Risiko ist der Tod. Nach Suizidversuch leistet somit die AHV von vorneherein nicht. Sie ge-währt Hinterlassenenrenten. Der Suizid ist in die Deckung eingeschlos-sen, eine Leistungsverweigerung wäre nicht zulässig. Eine Ausnahme wäre nur dann gegeben, wenn die Hinterlassenen den Versicherten nach-weislich in den Tod getrieben hätten. Ein überlebender Ehepartner und zwei Kinder könnten total monatlich heute *bestenfalls* ca. 3300.- erwar-ten. Bei fehlenden Beitragsjahren und/oder kleinen Beiträgen des Verstor-benen aufgrund seines kleinen Einkommens würde dieser Gesamtbetrag erheblich sinken. Bei ArbeitnehmerInnen kämen kumulativ die Renten der beruflichen Vorsorge dazu (s. unten). Subsidiär springen die *Ergän-zungsleistungen* ein (s. unten), falls die Hinterlassenen mit ihren Renten und übrigem Einkommen und /oder Vermögen ein gewisses Minimum nicht erreichen.

Invalidenversicherung

Die IV kann nur nach Suizid*versuch* leistungspflichtig werden. Sie ist wie die AHV eine Volksversicherung. Versichert sind sowohl die «drohende» (sog. leistungsspezifische) als auch vollendete Invalidität. Damit An-spruch auf Eingliederungsmassnahmen und/oder auf *Renten* besteht, muss Invalidität in diesem Sinne vorliegen. Im Vordergrund stehen die Eingliederungsmassnahmen, verbunden mit *Taggeldern*. Die IV leistet aber auch Hilflosenentschädigungen sowie Renten. Rechtlich wäre es m. E. zulässig, die Leistungen bei Suizid bzw. Suizidversuch zu kürzen, allerdings nicht die Eingliederungsmassnahmen, sondern einzig die Inva-lidenrente und nur bei Vorliegen der Urteilsfähigkeit. Die IV kürzt aber bei Suizid ihre Leistungen nicht, zumal das Eidgenössische Versicherungsgericht wie erwähnt entschieden hat, bei blossem Suizidversuch dürfe nicht gekürzt werden (es tat dies allerdings im Blick auf die besonderen Umstände des von ihm beurteilten Einzelfalles). Die Invalidenrente für den Versicherten fallen etwas höher aus als die AHV-Renten. Der Versicherte allein könnte heute bei Vollinvalidität eine eigene Rente in der Maximalhöhe von gut Fr. 2'000.– monatlich erwarten, bei zwei Kindern und einem Ehegatten kämen *bestenfalls* mittels Kinder- und Zusatzrenten noch ca. Fr. 2200.– dazu. Ist die versicherte Person Arbeitnehmer/in, fliessen zusätzlich Renten der beruflichen Vorsorge (s. unten). Die *Eingliederungsmassnahmen* sind von guter Qualität. Das Taggeld, das aber nur geleistet wird, wenn gleichzeitig Eingliederungsmassnahmen vollzogen werden, kann täglich Fr. 200.– übersteigen.

Ergänzungsleistungen

Ergänzungsleistungen können sowohl bei Suizid für die Hinterlassenen als auch bei Suizidversuch für den invalid gewordenen Versicherten selbst fliessen. Voraussetzung ist, dass das Einkommen des Berechtigten, einschliesslich jenes aus Renten, ein gesetzlich festgelegtes «Existenz-Minimum» nicht erreicht. Suizid- und Suizidversuch lassen keine Kürzungen der Ergänzungsleistungen zu. Die Höhe der Ergänzungsleistungen kann maximal jährlich in Extremfällen fast Fr. 50'000.– erreichen.

Berufliche Vorsorge

Obligatorisch *versichert* sind *nur Arbeitnehmerinnen und Arbeitnehmer.* Und zwar nicht alle, sondern nur jene, die jährlich bei einem Arbeitgeber minimal etwas weniger als ungefähr Fr. 25'000.– verdienen und maximal rund Fr. 74'000.–. Arbeitnehmerinnen und Arbeitnehmer mit Löhnen unter diesen Fr. 25'000.– pro Jahr sind somit nur AHV- und IV-versichert. Diese Einschränkung will der Gesetzgeber nun mildern. Daneben ist die wichtige nichtobligatorische berufliche Vorsorge zu beachten, die sowohl niedrigere als auch (und vor allem) höhere Löhne versichert und auch entsprechend bessere Leistungen vorsieht. *Versicherte Risiken* sind sowohl im obligatorischen als auch im nichtobligatorischen Bereich *Tod* und *Invalidität.* Dabei kommt es häufig vor, dass der Invaliditätsbegriff im nicht obligatorischen Bereich *weniger streng* formuliert ist. Sowohl die obligatorische als auch die nichtobligatorische berufliche Vorsorge leisten *Hinterlassenen – und Invalidenrenten.* Im obligatorischen Bereich hat die Vorsorgeeinrichtung auch bei Suizid und Suizidversuch *ohne Kür-*

zung zu leisten. Im *nichtobligatorischen* Bereich *dürfen* die öffentlich-
und privatrechtlichen *Versicherungsbedingungen* den Ausschluss von
Leistungen oder aber Leistungskürzungen bei Suizid und Suizidversuch
vorsehen. Nach Auskunft aus der Praxis geschieht dies aber offenbar
kaum. *Zur Höhe der Leistungen* lässt sich nichts Generelles sagen. Die
Feststellung ist zulässig, dass die Summe der Renten der AHV bzw. der
IV und jene der beruflichen Vorsorge im Ergebnis die Summe der AHV-
bzw. IV-Renten und der *Unfallversicherungsrenten* nicht erreichen (die
Leistungen der AHV/IV bzw. 1. Säule und jene der beruflichen Vorsorge
bzw. 2. Säule werden kumuliert). Deshalb besteht nach wie vor ein bedeutender Druck auf die soziale Unfallversicherung, Suizid und Suizidversuch als Unfall anzuerkennen. Hintergrund ist folgende Situation: Bei
Suizid und Suizidversuch von Arbeitnehmerinnen und Arbeitnehmern
fliessen «nur» Renten der AHV/IV plus Renten der beruflichen Vorsorge.
Wird jedoch der Suizid als Unfall anerkannt, kommt es zu einer Kumula-
tion der Renten der AHV/IV auf der einen und der Renten der Unfallver-
sicherer auf der andern Seite, und zusätzlich können unter Umständen
sogar noch Renten der 2. Säule dazukommen (s. unten).

Krankenversicherung

Die soziale Krankenversicherung umfasst die obligatorische Kranken-
*pflege*versicherung und die freiwillige *Taggeld*versicherung. Das Obligatorium deckt das ganze Volk. Im Zusammenhang mit unserem Thema
spielt sie nur bei Suizidversuch eine Rolle, kennt sie doch keine Todesfall-
renten. *Versicherte Risiken* sind die Krankheiten und subsidiär (gegenüber der Unfallversicherung) der Unfall. Nicht-Arbeitnehmer sind nach
Suizidversuch bezüglich Heilkosten und allenfalls Taggeldern ausschliesslich auf die soziale Krankenversicherung verwiesen (soweit nicht die MV
leistungspflichtig ist), während bei Arbeitnehmerinnen und Arbeitnehmern die soziale Unfallversicherung in Frage kommt: das ist wegen dem
Anspruch auf Taggelder wichtig, kennt doch nur die Unfallversicherung
deren Obligatorium. Die Leistungen umfassen neben einem Beitrag an
die Rettungs- und Transportkosten die Aufwendungen für die *ambulante
und stationäre Heilbehandlung*. Nicht obligatorisch versichert sind wie
erwähnt die Taggelder bei Arbeitsunfähigkeit. Selbstverständlich leistet
die Krankenversicherung auch nicht Hinterlassenen- und Invalidenrenten. Ob die Krankenkassen bei selbstverschuldeter Herbeiführung des
Versicherungsfalles ihre Leistungen im obligatorischen Bereich sowie bei
den Taggeldern *kürzen* dürften, ist umstritten, nach altem Gesetz waren
Kürzungen zulässig. M. E. sind zwei Bereiche zu unterscheiden: *Im obli-*

gatorischen Bereich (also Krankenpflegeversicherung) darf nicht gekürzt werden. Es fehlt dazu die gesetzliche Grundlage. Ausserdem geht es in der Krankenpflegeversicherung nur um Heilbehandlung und nicht um Geldleistungen. Heilbehandlungskosten dürfen aber nicht einmal im Unfallversicherungsrecht gekürzt werden, dort sind laut Gesetz Leistungsverweigerung und -kürzungen nur von Geldleistungen zulässig. Anders dürfte es bei der *freiwilligen* Taggeldversicherung aussehen, wobei auch dies umstritten ist.

Soziale Unfallversicherung

Die soziale Unfallversicherung kann sowohl bei Suizid als auch bei Suizidversuch leistungspflichtig werden. *Obligatorisch versichert* sind jedoch nur Arbeitnehmerinnen und Arbeitnehmer, und zwar sowohl für Berufs- als auch für Nichtberufsunfälle. Für Nichtberufsunfälle besteht dann keine Deckung, wenn ein Arbeitnehmer oder eine Arbeitnehmerin acht oder weniger Stunden pro Woche einer Erwerbsarbeit nachgeht. Versicherte Risiken sind Unfall und (mittelbar) der unfallbedingte Tod sowie die unfallbedingte Invalidität und die Berufskrankheit. Ausdrücklich *vom Unfallbegriff ausgeschlossen* ist laut Gesetz der Suizid, wozu nach herrschender Rechtsprechung und Lehre auch der Suizidversuch gehört. Gedeckt sind aber suizidale Akte, die *im Zustand der Urteilsunfähigkeit* vorgenommen werden oder die als *Folge* eines Unfalls oder einer Berufskrankheit zu betrachten sind. In der Sprache der Unfallversicherungsverordnung ist Urteilsunfähigkeit gegeben, «...wenn der Versicherte zur Zeit der Tat ohne Verschulden gänzlich unfähig war, vernunftgemäss zu handeln...». Wegen der oben erwähnten Relativität der Urteilsfähigkeit gibt es m. E. keine beschränkte Urteilsfähigkeit, wie dieser Text impliziert, was aber in der Lehre umstritten ist. Die zitierte Verordnungsbestimmung meint mit gänzlicher Urteilsunfähigkeit, dass *psychologisch* betrachtet die Urteilsfähigkeit vollständig gefehlt haben muss. Entsprechend können Suizid und Suizidversuch *nur selten* als Unfall anerkannt werden. An die verstandes- und willensmässigen Fähigkeiten (s. die vorstehenden Ausführungen zur Urteilsfähigkeit generell) sind keine hohen Anforderungen zu stellen, weil der Suizid dem natürlichen Selbsterhaltungstrieb widerspricht. Dieser Umstand ist ein Grund mehr, Suizid selten als Unfall zu betrachten. Wird der Suizid bzw. der Suizidversuch wegen Urteilsunfähigkeit als Unfall oder aber als Unfallfolge anerkannt, besteht Anspruch auf eine ganze Fülle von Leistungen, welche den Bedarf mindestens für Versicherte, die den maximal versicherten Verdienst von rund Fr. 106'000.– verdienen, sehr gut decken: Rettungs- und Transportkosten,

Beerdigungskosten, Heilkosten, Taggelder, Invaliden- und Hinterlassenenrenten, Integritätsentschädigung und Hilflosenentschädigung.

Das Ergebnis und seine Bewertung

Beim Suizid

Was den Schutz der *Hinterbliebenen nach vollendetem Suizid* anbelangt,
ist zu unterscheiden, ob der Verstorbene Arbeitnehmer gewesen ist oder
aber als Selbständigerwerbender gearbeitet hat.

Hinterlassene *von Arbeitnehmern* können zunächst die Renten der
AHV sowie der beruflichen Vorsorge kumulieren. Ich schätze, dass bei
einem monatlichen Einkommen von Fr. 5'800.– auf diese Weise *im Schnitt*
(aber ohne Einrechnung allfälliger Ergänzungsleistungen) der überlebende Ehegatte und zwei Kinder ein Ersatzeinkommen von heute vielleicht
Fr. 4000.– bis 4500.– erreichen können. Auf jeden Fall besteht auch hier
ein Interesse daran, den Suizid als *Unfall* qualifizieren zu können, weil
der Schutz aus der sozialen Unfallversicherung nach wie vor besser ist:
dem überlebenden Ehegatten und zwei Kindern stehen bei gleichzeitigen
Rentenansprüchen gegenüber der AHV bis maximal 90 % des (nach oben
bei Fr. 106 000.– begrenzten) versicherten Verdienstes zu.

Gewiss *weniger gut gedeckt* sind die Angehörigen von «*kleinen*» *Selbständigerwerbenden,* falls sie keine private Todesfallversicherung, welche
die Deckung des Suizids einschliesst, abgeschlossen haben. Sie sind im
Rahmen des nach wie vor arbeitnehmerlastigen schweizerischen Sozial-
versicherungssystems ganz allgemein relativ schlecht abgesichert. Ihnen
stehen einzig die Renten der AHV zu, was prekär ist, wenn sie wenig Vermögen besitzen und nicht privat versichert sind. Immerhin können sie bei
Vorliegen der nötigen Bedürftigkeit einen gesetzlichen Anspruch auf *Ergänzungsleistungen* erheben.

Beim Suizidversuch

Arbeitnehmer sind wie folgt gedeckt: Die Heilkosten werden praktisch
voll von der Krankenversicherung (und allenfalls von der sozialen Unfallversicherung) erbracht. *Rehabilitationsmassnahmen,* verbunden
mit *Taggeldern,* leisten die Invalidenversicherung und die soziale Unfallversicherung, diese allerdings nur in Form von Taggeldern. Eine
nicht unbedeutende Lücke kann auftreten in der Zeitspanne zwischen

dem schädigenden Ereignis und dem Anspruch auf Leistungen der IV in Bezug auf die Abdeckung des Lohnausfalles. Ungefähr zwei Drittel der Arbeitnehmer sind aber im Rahmen einer (freiwilligen) Taggeldversicherung gedeckt, ca. ein Drittel aller Arbeitnehmer haben einzig Anspruch auf die Lohnfortzahlung des Arbeitgebers nach Obligationenrecht, die aber zeitlich relativ eng befristet ist. Obligatorisch sind die Taggelder nur in der sozialen Unfallversicherung. In Bezug auf die Invalidenrenten bestehen Ansprüche gegenüber der IV und kumulativ gegenüber der beruflichen Vorsorgeeinrichtung, es sei denn, auch die Unfallversicherung müsse Leistungen erbringen. Arbeitnehmerinnen und Arbeitnehmer mit kleinem Lohn sind von der obligatorischen beruflichen Vorsorge ausgeschlossen. Sie können einzig mit einer Rente der IV rechnen.

Die Selbständigerwerbenden erhalten die Heilkosten ebenfalls von der Krankenversicherung ersetzt, und auch sie können Eingliederungsmassnahmen, einschliesslich *Taggelder, der IV* beanspruchen. In Bezug auf den *vorübergehenden* Erwerbsausfall – wenn die IV noch keine Taggelder leistet – sind sie schlechter gestellt als die Arbeitnehmerinnen und Arbeitnehmer, es sei denn, sie hätten eine Taggeldversicherung abgeschlossen. Und was die *Invalidenrenten* anbelangt, gilt das Gleiche wie für die Hinterlassenenrenten: Es besteht nur ein Anspruch gegenüber der IV und nicht gegenüber der beruflichen Vorsorge, denn Selbständigerwerbende sind dort nicht obligatorisch versichert.

Maja Perret-Catipovic

SUIZID IM JUGENDALTER: ZUGANG ZU JUNGEN MENSCHEN, DIE JEDE
HILFE ABLEHNEN

Einleitung

Die häufigsten Todesursachen bei Jugendlichen sind Suizid und Unfall. In
der Schweiz steht bei 20- bis 24-Jährigen der Suizid als Todesursache weit
vor Strassenverkehrsunfällen und Drogenmissbrauch an vorderster Stelle.

Todesursachen der 20- bis 24-Jährigen in der Schweiz 1999[1]
Sterbeziffern pro 100 000 Einwohner
In Klammern: absolute Zahlen   Todesfälle insgesamt:
66.57 (274)

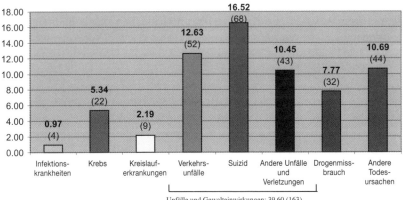

Unfälle und Gewalteinwirkungen: 39.60 (163)

Bei den unter 15-Jährigen bleibt der Tod durch Suizid glücklicherweise
die grosse Ausnahme, doch ab 15 Jahren steigt die Häufigkeit in beunru-
higender Weise an. Noch vor nicht allzu langer Zeit wurde das Phänomen
verleugnet; und selbst wenn es anerkannte wurde, lauteten die bevorzug-
ten «Lösungen» – aus heute nicht mehr nachvollziehbaren Gründen –
Schweigen und Verleugnen. Inzwischen ist die Notwendigkeit, jungen

---

1 Quelle: Bundesamt für Statistik, 2002

Suizidenten zu helfen, unbestritten. Verhüten eines Suizidversuchs, Verhüten von Wiederholungen, Verhüten von Todesfällen durch Suizid – sämtliche Formen der Suizidprävention werden bejaht. Weiterhin offen allerdings bleibt die Frage, wie das geschieht und wie diese Arbeit finanziert wird.

Betreuung junger Suizidenten und Suizidentinnen

In den Achtzigerjahren wurde die psychiatrische Betreuung jugendlicher Suizidentinnen und Suizidenten zu einer Schwerpunkttätigkeit der Station für Jugendpsychiatrie in Genf. Zu verdanken ist dies François Ladame, dem damaligen Leiter dieser Station.

Damals wurde die Vernetzung vorangetrieben und zwischen der Station für Jugendpsychiatrie und der medizinisch-chirurgischen Notfallstation des Kantonsspitals Genf wurden enge Beziehungen aufgebaut: Gelangte ein Jugendlicher nach einem Suizidversuch auf die Notfallstation, wurde, wie schwerwiegend sein somatischer Zustand auch sein mochte, von Anfang an die psychische Dimension des Suizidversuchs – also das auslösende Moment – mitbedacht. Das Personal der Notfallstation liess dem jungen Suizidenten nicht bloss die unerlässliche somatische Pflege zukommen, sondern ermunterte ihn, einen Psychiater oder Psychologen beizuziehen. Die Erfahrung hat indes gezeigt, dass dies nur sehr wenige taten.

In einer zweiten Etappe begannen die Kollegen von der Notfallstation, die Station für Jugendpsychiatrie systematisch zu informieren. Unverzüglich begab sich dann ein Psychologe oder Psychiater vor Ort, um den Jugendlichen kennen zu lernen, erste Kontakte zu knüpfen und zu versuchen, ihn für eine psychologische Betreuung zu motivieren. Es hat sich aber gezeigt, dass auch das nicht genügte. Entweder kamen die Jugendlichen nicht zum vereinbarten Termin oder sie kamen ein- oder zweimal und dann nicht mehr. Kaum zwei von zehn liessen sich auf eine therapeutische Beziehung ein.

Aus den gemachten Erfahrungen wurde der Schluss gezogen, es sei anders vorzugehen.

Zur selben Zeit verfolgte ein Arzt in Bordeaux, Xavier Pommereau, einen vielversprechenden Ansatz. Er hatte ein Zentrum eröffnet, wo junge Suizidenten nach ihrem Suizidversuch für kurze Zeit (durchschnittlich zwei Wochen) stationär behandelt werden konnten. Nach einer Hospitalisierung liessen sich nicht zwei von zehn, sondern acht von zehn Jugendlichen auf eine Behandlung ein.[2]

---

2 X. Pommereau u. a., Détermination , 1995

Damit war der Beweis erbracht, dass junge Suizidenten und Suizident-innen sich nicht unbedingt gegen eine Behandlung sträuben – sie scheinen sogar der ambulanten die stationäre Behandlung in einer psychiatrischen Klinik vorzuziehen. Was es allerdings zu ihrer Behandlungsbereitschaft braucht, sind günstige Voraussetzungen, damit sie eine Beziehung zur be-treuenden Person aufbauen können.

Nach dem Modell des Zentrums von Xavier Pommereau eröffnete François Ladame 1996 in Genf ein vergleichbares Zentrum: die *Unité de Crise pour Adolescents* (UCA). Eine Bilanz der Tätigkeit des Krisenin-terventionszentrums für junge Suizidenten in Genf bestätigt, dass Jugendli-che, die nach einem Suizidversuch hospitalisiert werden können, eine an-schliessende psychologische Betreuung eher akzeptieren als nicht hospitalisierte Jugendliche. Zurzeit ist eine vergleichende Untersuchung im Gang. Sie soll Aufschluss darüber geben, wie sich der weitere Lebens-weg von jugendlichen Suizidenten je nach Betreuungstypus entwickelt. Durchgeführt wird die Untersuchung von den beiden Teams um die Pro-fessoren Pierre André Michaud in Lausanne und François Ladame in Genf. Schon jetzt zeichnet sich die Bedeutung der Resultate für künftige Präventionsstrategien bei rezidivierender Suizidalität ab.

Und wenn eine Betreuung abgelehnt wird?

Dass ein Ort geschaffen wurde, wo junge Suizidenten hospitalisiert und spezifisch betreut werden konnten, begrüsste ich sehr. Dennoch blieb für mich in meiner psychotherapeutischen Arbeit mit Jugendlichen ein tiefes Unbehagen: Das Zentrum war keine Antwort auf eine chronisch gewor-dene und zunehmend schwer zu ertragende unbefriedigende Situation. Zwar würde es eine bessere Behandlung der dort betreuten Jugendlichen gewährleisten – und das ist unerlässlich –, doch war das alles, was wir suizidalen Jugendlichen anbieten konnten?

Die Situation war nach wie vor unbefriedigend und die Häufung trauri-ger Befunde bedrückend: Wie meine Kollegen und Kolleginnen wurde ich nur allzu häufig erst in einer akuten Risikosituation kontaktiert und dann blieb uns nur der Satz: «Ich kann nichts machen.» – Nachstehend die Schilderung einer häufigen und typischen Situation.

Eine Lehrerin, ein Sportlehrer, ein Vater, eine Mutter oder ein Pfarrer ruft an und bittet um Hilfe für einen Jugendlichen, um den er/sie sich Sorgen macht. Die Anrufenden wissen um die Alarmsignale bei Suizidri-siko, und zwar meist dank unseren Vorträgen. Das Gespräch am Telefon ergibt genügend Anhaltspunkte dafür, dass es sich um eine akute Suizid-gefährdung handelt. Dann folgt das Ende des Gesprächs:

«Gut, dass Sie angerufen haben. Ich könnte mich mit X morgen um 10 Uhr treffen .»

«...»

«Können Sie mir den Termin bestätigen?»

«Äh ... das heisst ... Er will keine Konsultation. Er sagt, er sei schliesslich nicht verrückt.»

Und dann folgt der tragische Schluss von unserer Seite: *«Dann kann ich nichts machen.»*

Solche Gespräche sind keineswegs die Ausnahme, vielmehr eher die Regel. Wer sich mit einigen hierzu vorhandenen epidemiologischen Daten beschäftigt, sieht rasch, dass die grosse Mehrheit jugendlicher Suizidenten nie mit Fachkräften und Pflegeinstitutionen in Kontakt gekommen ist: Direkt befragt, wie dies Michaud/Narring[3] in der Schweiz oder Choquet in Frankreich taten, erklären 3 bis 5 % der Jugendlichen, sie hätten in den 12 Monaten vor der Umfrage einen Suizidversuch unternommen. Die Weltgesundheitsorganisation (WHO) ihrerseits schätzt, dass in Europa jährlich 0,2 % aller Jugendlichen einen Suizidversuch unternehmen. Was hat es mit diesem enormen Gefälle auf sich? Eine der Erklärungen hat mit dem Umfrageinstrumentarium zu tun. Michaud/Narring und Choquet befragten die Jugendlichen direkt, die WHO hingegen erhebt ihre Daten bei den Pflegeinstitutionen. Daraus lässt sich schliessen, dass *die grosse Mehrheit der suizidalen Jugendlichen von den Pflegeinstitutionen nicht erfasst wird.*

Rate und Prävalenz von Suizidversuchen bei Jugendlichen

Quelle	Erhebung	Alter	Ge-schlecht	Jahres-rate	Lebens-prävalenz
Frankreich Haut Comité de la Santé Publique	Bevölkerung allgemein	11–19	W+M		7 %
Schweiz Narring u.a. (1994)	Bevölkerung allgemein	15–19	W	4 %	
			M	3 %	
Europa WHO (WHO/EURO Multicentre Study)	Pflegeinstitutionen	5–19	W	0,3 %	
			M	0,2 %	

---

3 F. Narring u. a., Die Gesundheit Jugendlicher in der Schweiz, 1994

Der Arztbesuch nach einem Suizidversuch sollte, unabhängig von der Schwere der körperlichen Verletzung, die Regel sein. Leider sieht die Realität anders aus. Die meisten Suizidversuche werden der Ärzteschaft gar nicht zur Kenntnis gebracht; sie werden zumeist sogar den nächsten Bezugspersonen verheimlicht.

Suizidgefährdete Mädchen und Knaben werden nicht in gleichem Masse betreut: Obwohl die unter der Gesamtbevölkerung erhobenen Zahlen zeigen, dass kaum weniger männliche als weibliche Jugendliche Suizidversuche unternehmen, kommen die Pflegeinstitutionen mit drei- bis viermal mehr Mädchen als Knaben nach Suizidversuchen in Kontakt. Einige ziehen daraus den Schluss, dass drei- bis viermal mehr Mädchen als Knaben Suizidversuche unternehmen. Richtiger wäre allerdings der Schluss, dass weibliche Jugendliche drei- bis viermal häufiger als männliche nach einer suizidalen Geste um Betreuung nachsuchen.

Eines jedoch steht fest: Bei den Todesfällen durch Suizid liegt das Verhältnis von männlichen und weiblichen Jugendlichen bei 3 zu 1.

Geschlechtervergleich: Männer und Frauenanteil in Prozenten (15–19 Jahre)

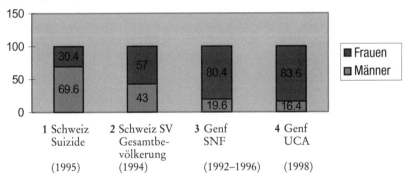

Legende:

1) Anteil Knaben respektive Mädchen an den Suiziden. Wegen der zeitlichen Nähe zu den übrigen Vergleichszahlen wurde dieses Jahr gewählt.
2) Anteil Knaben respektive Mädchen unter jenen Jugendlichen, welche die Frage nach einem Suizidversuch (SV) in den 12 Monaten vor der Umfrage Narring u. a. (1994) bejahten.
3) Anteil Knaben respektive Mädchen unter den im Genfer Kantonsspital hospitalisierten Jugendlichen, die im Rahmen einer Studie des Nationalfonds (SNF) untersucht wurden.
4) Anteil Knaben respektive Mädchen, die nach einem Suizidversuch im Krisenintervantionszentrum für Jugendliche UCA stationär betreut wurden.

Legitimerweise stellt sich die Frage nach einem möglichen Zusammenhang zwischen den folgenden Feststellungen:
a) Knaben leiden genauso wie Mädchen.
b) Knaben werden wegen ihrer Suizidproblematik nicht behandelt, zuweilen nicht einmal als suizidal erkannt.
c) Knaben sterben durch Suizid.

Die Grundfrage lautet dann: Wie kann suizidgefährdeten Jugendlichen geholfen werden, die jede Hilfe ablehnen? Und spezifischer noch: Wie kann den männlichen Jugendlichen geholfen werden?

Vorschlag

Dass ich die Situation weiterhin als unbefriedigend einschätzte, hatte mit solchen Befunden zu tun. Folge davon war der Vorschlag, parallel zum Kriseninterventionszentrum für Jugendliche ein Zentrum für Suizidprävention bei Jugendlichen zu eröffnen. Leitend war dabei der Gedanke, dass die meisten Jugendlichen jegliche Hilfe ablehnen und dass sich das Zentrum deshalb die Menschen im sozialen Umfeld der Jugendlichen zu Partnern machen sollte.

So entstand im November 1996 das *Centre d'Etude et de Prévention du Suicide* (CEPS), und zwar dank der Partnerschaft zwischen den Universitätsspitälern in Genf und der privaten Stiftung *Children Action*. Das Zentrum hat sich folgende Ziele gesetzt:

Für wen?
Das Zentrum ist ein Beratungs-, Informations- und Orientierungsort, der offen ist für:
– suizidgefährdete oder von der Suizidproblematik betroffene Jugendliche und junge Erwachsene;
– ihre Bezugspersonen (Familie, Freunde);
– Fachpersonen (Ärzte, Lehrerinnen, Krankenpfleger, Erzieherinnen, Psychologen, Sozialarbeiterinnen usw.).

Wofür?
– Evaluation des Suizidrisikos innerhalb kürzest möglicher Frist (24 Stunden);
– Angebot einer Zweitmeinung;
– Bewältigung von Krisensituationen;
– Organisation der ambulanten oder nötigenfalls stationären Betreuung;
– Stärkung von Kompetenzen und Ressourcen im sozialen Umfeld;

– Information über die Suizidproblematik bei Jugendlichen;
– Ausbildungsangebot für Fachpersonen im Kontakt mit suizidalen Jugendlichen.

Wie?
– Angebot eines unkomplizierten Zugangs zu einer Fachperson (Psychiater oder Psychologe), die bei der Bewältigung der suizidalen Krise beratend zur Seite steht;
– Vernetzung und Zusammenarbeit mit allen Beteiligten;
– Ausbildungsangebot der Partner nach Bedarf;
– Beteiligung an Informationskampagnen, die von Partnern (Medien, Schulen usw.) organisiert werden.

Heute besteht unsere Arbeit hauptsächlich darin, Menschen zu vernetzen, was so formuliert nicht gerade eine wissenschaftliche Zielsetzung zu sein scheint. Ich bin freilich davon überzeugt, dass es sich dabei um *die* Zielsetzung handelt, wenn es darum geht, suizidgefährdeten Jugendlichen zu helfen. Denn ist ein Suizidversuch im Jugendalter nicht vor allem anderen der abrupte Abbruch sämtlicher Verbindungen? Abgebrochen werden die Verbindungen zu den Eltern, den Bekannten, vor allem aber zu sich selbst.

Statt den Zugang zu einem Jugendlichen, der «die Brücken abgebrochen hat», zu erzwingen und so das Risiko einzugehen, dass er noch weiter weg flieht, soll versucht werden, um den gefährdeten Jugendlichen ein Sicherheitsnetz zu knüpfen, ähnlich dem Sicherheitsnetz, das Seiltänzer und Akrobaten beim kleinsten Fehltritt auffängt. So mein Vorschlag.[4]

Unsere Arbeit scheint Früchte zu tragen, denn im Gegensatz zu anderen Pflegeinstitutionen werden wir bei männlichen *und* weiblichen Jugendlichen beigezogen. Der Anteil der Knaben respektive Mädchen, wie er in der letzten Säule der nachstehenden Grafik ausgewiesen wird, liegt sehr viel näher beim tatsächlichen Verhältnis von suizidalen Knaben und Mädchen in der Gesamtbevölkerung.[5] Mit unserer Arbeitsweise scheinen wir demnach den realen Bedürfnissen besser zu entsprechen als andere Pflegeinstitutionen.

4 M. Perret-Catipovic, Suicide Prévention, 1999
5 F. Narring u. a., Die Gesundheit Jugendlicher in der Schweiz, 1994

Geschlechtervergleich: Männer- und Frauenanteil in Prozentzahlen (15-19 Jahre)

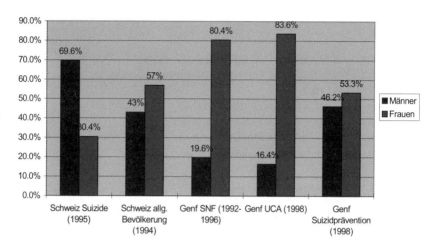

Mit Bedauern stelle ich fest, dass in unserer Gesellschaft die wichtigsten Protagonisten im Umfeld der Jugendlichen nebeneinander koexistieren, aber untereinander nicht vernetzt sind. Manche Eltern ereifern sich, wenn Lehrpersonen bei ihnen nachfragen, ob zu Hause alles in Ordnung sei («*Was fällt denen ein, sich einzumischen!*»); sobald ein Lernender mündig ist, dürfen Lehrpersonen nicht einmal mehr die Eltern darüber informieren, wie es in der Schule geht; Nachbarn leben jahrelang Tür an Tür, ohne je miteinander zu sprechen; die Freunde der Eltern kennen deren Kinder zuweilen nicht einmal; die Freunde der Kinder wiederum sind zu Hause nicht immer willkommen. Unser Lebensstil bringt es mit sich, dass kostbare Ressourcen, etwa die nähere Verwandtschaft oder die Patinnen und Paten, kaum um Unterstützung angegangen und höchstens einmal pro Jahr zu einem Familienfest eingeladen werden, dessen Sinn nicht unbedingt einsichtig ist.

Meiner Überzeugung nach schlummert aber gerade in diesen Partnern und Partnerinnen ein unschätzbares Potenzial, wenn es darum geht, einem unter Leidensdruck stehenden Jugendlichen zu helfen. Häufig indes wird dieses Potenzial leider zu wenig oder schlecht genutzt.

Vorab die Eltern unterschätzen ihr Potenzial. Häufig wagen sie es nicht einmal, ihr Kind im Adoleszenzalter darauf anzusprechen, dass ihrer Meinung nach etwas nicht in Ordnung ist. Noch weniger wagen sie es, verschiedene Strategien auszuprobieren – aus Angst, «etwas falsch zu machen», die Situation noch zu verschlimmern. Diese abwartende Haltung interpretiert das Kind dann unweigerlich als Gleichgültigkeit.

Ein Teil der Verantwortung ist auch in der gesellschaftlichen Entwicklung, namentlich in der Popularisierung der Psychologie, zu suchen. Nach '68 tun sich die Eltern häufig schwer damit, ihre Rolle zu finden. Wenn ich mit den Eltern von Jugendlichen arbeite, kommen sie mir oft wie die Eltern von Frühgeborenen vor. In der Neonatologie ist seit langem bekannt, dass den Eltern von Frühgeburten geholfen werden muss zu wagen – was zu wagen? –, zu wagen, Eltern zu sein, die ihr Kind in die Arme schliessen, die es liebkosen – kurz, die ihrem Kind spontan ihre Liebe zeigen. Beeindruckt von den hoch technisierten medizinischen Apparaturen, die ihrem Neugeborenen beim Überleben helfen, fühlen sie sich auf einmal inkompetent, ja sie glauben, sie könnten ihrem Kind Schaden zufügen. Dieselbe Zurückhaltung ist häufig bei Eltern von Jugendlichen zu beobachten. In Radio, Fernsehen und Zeitungen ist ständig von der Komplexität der Adoleszenz die Rede. Folge davon ist, dass die Eltern ihrem Kind gegenüber häufig jede Spontaneität verlieren oder, schlimmer noch, sich unfähig fühlen, ein derart komplexes Wesen zu begleiten und zu betreuen – und sich dann ganz auf jene verlassen, die angeblich mehr wissen.

Häufig besteht unsere Arbeit darin, den Eltern Hilfe darin anzubieten, es zu wagen, die Eltern ihrer Kinder zu sein, ihre Ressourcen zu nutzen, ihnen zu helfen, Bindungen aufzubauen. Indem der Jugendliche sich mit den ihn umgebenden Bindungen identifiziert, gelingt es ihm, sich wieder in dieses Netz einzufügen.

Ganz besonders nützlich finde ich die *casita* – ein Schema, das wir Stefan Vanistendael[6] vom Internationalen Katholischen Büro für das Kind verdanken. Das Schema stellt den Aufbau der Resilienz dar, also der Fähigkeit, einen Schock ohne langfristige Beeinträchtigungen zu meistern.

---

6 S. Vanistendael, la résilience et le réalisme de l'espérance, 1996; vgl. auch S. Vanistendael u. a., Le bonheur est toujours possible, 2000

«Casita»: Aufbau von Resilienz[7]

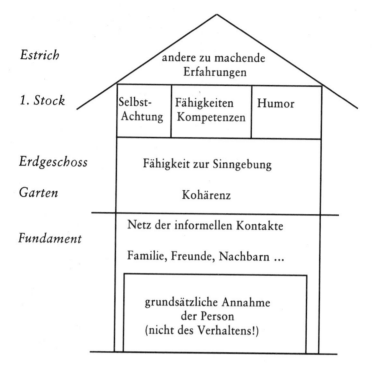

Estrich	andere zu machende Erfahrungen
1. Stock	Selbst-Achtung / Fähigkeiten Kompetenzen / Humor
Erdgeschoss	Fähigkeit zur Sinngebung
Garten	Kohärenz
Fundament	Netz der informellen Kontakte Familie, Freunde, Nachbarn ... grundsätzliche Annahme der Person (nicht des Verhaltens!)
Boden:	körperliche Grundbedürfnisse (Gesundheitsgrundversorgung, Nahrung, Schlaf usw. ...)

Anhand des Schemas können wir in der Suizidprävention danach fragen, welches die Mindestvoraussetzungen sind, damit jemand trotz vielfältiger Schwierigkeiten dem Suizid widersteht, oder wie die Persönlichkeit nach einem Suizidversuch wieder so aufgebaut werden kann, dass jemand inskünftig auf Schwierigkeiten nicht erneut mit einem Suizidversuch reagieren wird.

Die *casita* beruht auf der Fähigkeit, Bindungen einzugehen. Ins Erdgeschoss stellt Stefan Vanistendael, keineswegs überraschend, die «Fähigkeit zur Sinngebung».

---

7 S. Vanistendael, La résilience, 1996

Nach einem Suizidversuch wird die Qualität des Wiederaufbaus der Persönlichkeit nämlich von der Fähigkeit abhängen, erneut Bindungen einzugehen und dort erneut Sinn aufzubauen, wo keiner mehr war. Ist der Jugendliche dazu unfähig, dann müssen seine Bezugspersonen diese Unfähigkeit auffangen und es an seiner Stelle tun. Nur so, auf der Basis der um ihn und zu ihm geschaffenen Bindungen, wird der Jugendliche meiner Auffassung nach in der Lage sein, die eigentlich grundlegende Arbeit anzupacken, nämlich wieder die Bindung zu sich selbst einzugehen. Durch den Sinn, den das Beziehungsnetz des Jugendlichen dem Leben zu verleihen vermag, wird der Jugendliche selbst schliesslich seinem Leben, seinen unvermeidlichen Konflikten und, dies vor allem, seinem Suizidversuch Sinn verleihen können. Dies ist der Grundstein für den Wiederaufbau einer Persönlichkeit, der beste Schutz vor der Wiederholung der suizidalen Geste.

Es liegt auf der Hand, dass diese Beziehungs-, Bindungs- und Sinngebungsarbeit zahlreiche Personen impliziert und fordert. Es ist nicht einfach, einen Jugendlichen zu begleiten, ohne in Rivalitäten zu verfallen oder, schlimmer noch, jene zu disqualifizieren, die anders sind. Und dennoch, die Vielfalt erzeugt den Reichtum. Die nachstehende Grafik präsentiert die Komplexität der Ätiologie von Suiziden – oder zumindest das, was wir heute darüber wissen.

Schema der Ätiologie von Suiziden

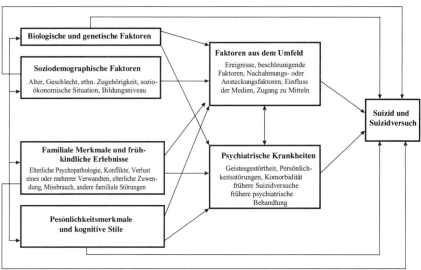

Proximale und distale Risikofaktoren (nach A. J. Beautrais 2000)

Das Schema macht deutlich, dass die Abkehr vom Leben und die Hinwendung zum Suizid der Endpunkt eines äusserst komplexen Weges ist. Einen Einfluss haben so unterschiedliche Faktoren wie Vererbung, Erziehung, geistige Gesundheit der Eltern, längst vergangene und kürzliche Ereignisse, persönliche Psychopathologie, Lebensstil usw.

Um dem Phänomen des weit verbreiteten Suizids Jugendlicher entgegenzuwirken, ist der Einsatz eines jeden, einer jeden von uns, jeder Bürgerin und jedes Bürgers und jeder Fachperson wichtig; der Gedanke, die Lösung liege allein bei *einer* Person oder *einer* Berufskategorie ist illusorisch. Die Lösung kann vielmehr nur darin bestehen, dass vielfältige Bindungen geschaffen werden, Bindungen zwischen den Personen im näheren Umfeld des jungen Suizidenten, aber auch Bindungen zwischen Personen aus verschiedenen Milieus, zwischen verschiedenen Disziplinen. Nur auf interdisziplinärer Basis wird eine effiziente Suizidprävention und eine demselben Ziel verpflichtete Gesundheitspolitik möglich sein.

Doch auch diese Aufforderung zum interdisziplinären Handeln und zur Zusammenarbeit aller hat ihre Grenzen. Sie ist kein Aufruf zu kopflosem Aktivismus. Projekte zur Suizidprävention sind wissenschaftlich zu erarbeiten. Ihre Instrumente und Ziele sollten vor ihrer Umsetzung von einer Expertenkommission evaluiert werden. Seriöse Ausbildung und kompetente Ansprechpartner sind die Grundpfeiler des Hilfenetzwerks. Der gute Wille allein genügt nicht – zuweilen kann er sogar töten.

Bibliographie

Beautrais, A. L.: Risk factors for suicide and attempted suicide among young people, in: Australian and New Zealand Journal of Psychiatry 34, 3, 420–436, 2000

Narring, F. u. a.: Die Gesundheit Jugendlicher in der Schweiz. Bericht einer gesamtschweizerischen Studie über Gesundheit und Lebensstil 15 bis 20jähriger Institut universitaire de médecine sociale et préventive, Lausanne 1994

Perret Catipovic, M.: Suicide prevention in adolescents and young adults: The Geneva University Hospitals' Program, in: Crisis 20, 1, 36–40, 1999

Pommereau, X. u. a.: Détermination du devenir et des taux de récidives des jeunes suicidants douze mois après leur hospitalisation à l'Umpaja du centre Abadie (Bordeaux), du 16 novembre 1993 au 15 novembre 1994, Rapport final de l'Association pour l'Etude et la Prévention du Suicide en Aquitaine, Paris, Direction générale de la santé, Bureau SP 2, 1995

Vanistendael, S.: La résilience et le réalisme de l'espérance, in: Les cahiers du Bice, 2, 1996

Vanistendael, S. u. a.: Le bonheur est toujours possible, Construire la résilience, Bayard, Paris 2000

Pierre-André Michaud

Suizidalität im Jugendalter: eine Herausforderung für Gesellschaft und Gesundheitswesen

Die Situation heute

Es war vor einigen Jahren, als ein 16-Jähriger in Begleitung eines Kollegen, dem er sich anvertraut hatte, mein Büro betrat und mit mir sprechen wollte. Erst nach einiger Zeit realisierte ich, dass der Jugendliche zutiefst deprimiert war. Auf Suizidabsichten befragt, gestand er mir, er hätte vor kurzem einen Strick gekauft und dieser läge nun unter seinem Bett. Ein schwieriges Gespräch begann, an dessen Ende er sich erleichtert damit einverstanden erklärte, dass ich für ihn ein Sicherheitsnetz einrichten würde: Sein Kollege würde ihn nach Hause begleiten, seine Eltern würden über seine Schwierigkeiten informiert, am nächsten Tag würde in seiner Gegenwart ein Treffen mit ihnen stattfinden. Allmählich entspannte sich die Lage. Schliesslich willigte der Jugendliche in eine psychotherapeutische Behandlung ein. Seine Lebensfreude kam zurück und ein durch verschiedene Konflikte blockierter Adoleszenzprozess konnte wieder in Gang gesetzt werden.

Im vorliegenden Beitrag geht es um die Suizidprävention bei Jugendlichen und um den Nachweis, dass diese Prävention vom Eingreifen eines jeden, einer jeden von uns – als Freunde, Erwachsene oder professionell Tätige – abhängt. In einem ersten Teil werde ich kurz die aktuelle Situation skizzieren; anschliessend werde ich das Thema der Prävention angehen und dabei auf Aktionen in der Schweiz und im Ausland hinweisen; abschliessend werde ich darauf eingehen, was mit der Thematik «Suizid bei Jugendlichen» in der gegenwärtigen Situation auf dem Spiel steht.

Einen Einblick in die Schwere der angesprochenen Problematik geben die Statistiken über die Todesfälle durch Gewalteinwirkungen. Erfasst wird in diesen Statistiken indes lediglich die «Spitze des Eisbergs»; aus diesem Grund ist es genauso wichtig, sich dem zuzuwenden, was uns Jugendliche über ihre Depressionssymptome und ihre Suizidgedanken direkt zu sagen haben.

Wie hoch ist die Sterblichkeit von Kindern und Jugendlichen? Bis zum Alter von 14 Jahren sind Todesfälle im Wesentlichen auf natürliche Ursachen zurückzuführen; ab dem 15. Altersjahr nimmt dann die Zahl der Todesfälle durch Gewalteinwirkungen zu, wobei es sich um Unfälle, Drogenmissbrauch oder Suizide handeln kann – in der Adoleszenz die zweithäufigste Todesursache. Bemerkenswert ist der Unterschied zwischen Knaben und Mädchen, liegt doch die Sterblichkeit bei ersteren sehr viel höher als bei letzteren. Grafik Nr. 1 verschafft uns einen Überblick über die Entwicklung der Todesfälle durch Suizid der 10- bis 24-Jährigen in den letzten dreissig Jahren in unserem Land. Bei Knaben wie Mädchen ist die Sterblichkeit stabil geblieben, mit einer zwischenzeitlichen Steigerung in den Achtzigerjahren; eine plausible Erklärung für diese auch in anderen Ländern festgestellte Steigerung gibt es bisher nicht. Zu beachten ist, dass die Grössenordnungen für Mädchen (links) und Knaben (rechts) nicht dieselben sind, liegt doch die Suizidrate bei Knaben etwa dreimal höher als bei Mädchen. Grafik Nr. 2 stellt die Suizidrate der Schweiz im europäischen Vergleich dar: Bedauerlicherweise steht unser Land, was die Suizidrate Jugendlicher betrifft, an zweiter Stelle.

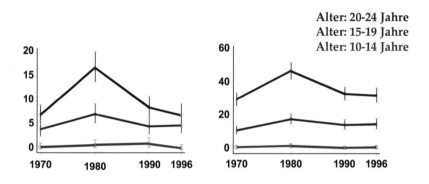

Grafik 1: Suizidrate der 10- bis 24-Jährigen in der Schweiz: Entwicklung von 1970 bis 1996

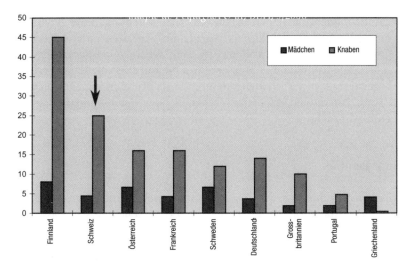

Grafik Nr. 2: Suizidrate der 15- bis 24-Jährigen in verschiedenen Ländern

Wer die epidemiologische Landschaft in ihrer ganzen Bandbreite erfassen will, hat sich unbedingt auch mit dem zu befassen, was Jugendliche über Suizid sagen und denken. Eine vor etwas weniger als zehn Jahren durchgeführte Umfrage unseres Instituts bei 10 000 15- bis 20-jährigen Schweizern und Schweizerinnen aus allen drei Sprachregionen enthielt auch Fragen zu dieser Thematik.[1] Werden Jugendliche aufgefordert, in einer Liste jene Themen auszuwählen, für die sie ihrer Selbsteinschätzung nach persönliche Hilfe benötigen, nennen zwei von fünf Mädchen und einer von fünf Knaben das Thema Traurigkeit und Niedergeschlagenheit.[2] In der gleichen Umfrage gaben 40 % der Mädchen und 20 % der Knaben an, sie fühlten sich häufig traurig und hegten Suizidgedanken. Etwas mehr als 20 % der Mädchen und 15 % der Knaben räumten ein, in den 12 Monaten vor der Umfrage konkrete Suizidpläne gehabt zu haben, 4 % der Mädchen und 3 % der Knaben erklärten, im selben Zeitraum einen Suizidversuch unternommen zu haben. Diese Zahl wird kaum zur Kenntnis genommen, denn häufig interessiert sich die Öffentlichkeit nur für jene Suizidversuche, deren Akteure schliesslich mit Pflegeinstitutionen in Berührung kommen. Das ist, wie wir gleich sehen werden, eine Minderheit. Jugendliche, die nicht in eine berufliche Laufbahn integriert sind – man könnte von jenen sprechen, die übergangen worden sind oder die «abgehängt» haben –, weisen eine viermal höhere Suizidversuchsrate auf.[3]

---

1 P. A. Michaud u. a., Les médecins et les problèmes de santé des adolescents, 1995
2 C. Rey u. a., Les conduites suicidaires chez les adolescents en Suisse, 1997
3 I. Delbos-Piot u. a., La santé des jeunes hors du système de formation, 1995

Zusammenfassend lässt sich sagen, dass Untersuchungen der Bevölkerung eine ausgeprägte Tendenz zu suizidalem Verhalten unter Jugendlichen bestätigen; diese Prävalenz ist bei Knaben ausgeprägter als gemeinhin angenommen. Nicht unerwähnt bleibe, dass suizidales Verhalten oft gepaart ist mit Verhaltensweisen, die als Hilfeschreie zu interpretieren sind: Ausreissen, asoziales Verhalten oder Beziehungsstörungen, Drogenmissbrauch.

Suizidprävention

Wenden wir uns nun dem zweiten Teil zu, der sich mit der *Suizidprävention* bei Jugendlichen befasst.[4] In der Regel unterscheiden wir zwischen allgemeiner Prävention, auch Primärprävention genannt, und einer selektiveren Prävention (traditionell Sekundärprävention genannt). Erstere wendet sich an die Population der Jugendlichen generell, letztere fokussiert eher auf die als Risikopopulation eingestuften Individuen, also auf jene, von denen soeben die Rede war. Die dritte Präventionsstufe schliesslich – indikative Prävention – richtet sich an Jugendliche, die eindeutig Anzeichen von Leidensdruck aufweisen; in der Regel werden mit dieser Art von Prävention Jugendliche erfasst, von denen bekannt ist, dass sie bereits Suizidversuche unternommen haben und mithin ein Wiederholungsrisiko besteht. Grafik Nr. 3 zeigt den Platz dieser verschiedenen Interventionsmodalitäten in der Kette der Ereignisse, die zu versuchtem oder vollendetem Suizid führen können. Möglich sind Interventionen auf verschiedenen Stufen der zur Selbsttötung führenden Kette von Faktoren und Ereignissen:

---

4 D. Shaffer u. a., Methods of adolescent suicide prevention, 1999; P. Bowen u. a., Youth suicide prevention programs, 2001; Caisse nationale de l'assurance maladie des travailleurs salariés u. a., Prévention primaire du suicide, 2001

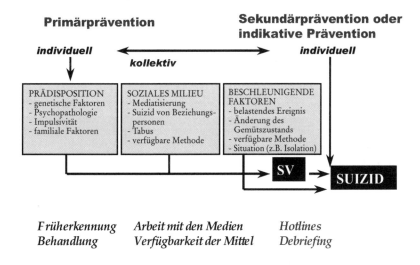

Primärprävention		Sekundärprävention oder indikative Prävention
individuell ←	*kollektiv* →	*individuell*

| PRÄDISPOSITION
- genetische Faktoren
- Psychopathologie
- Impulsivität
- familiale Faktoren | SOZIALES MILIEU
- Mediatisierung
- Suizid von Beziehungs-
  personen
- Tabus
- verfügbare Methode | BESCHLEUNIGENDE
FAKTOREN
- belastendes Ereignis
- Änderung des
  Gemütszustands
- verfügbare Methode
- Situation (z.B. Isolation) |

SV → SUIZID

Früherkennung   *Arbeit mit den Medien*   *Hotlines*
Behandlung   *Verfügbarkeit der Mittel*   *Debriefing*

<u>Grafik 3</u>: verschiedene Strategien der Suizidprävention

Primärprävention ist auf individueller oder kollektiver Ebene möglich. Auf individueller Ebene zielt sie ab auf die Stärkung des Selbstbildes und die Verbesserung des Beziehungsnetzes – kurz, auf die Förderung der geistigen Gesundheit. Auf kollektiver Ebene geht es darum, eine allzu positive Darstellung des Suizids in den Medien zu verhindern oder den Zugang zu Hilfsmitteln für den Suizid (etwa Feuerwaffen oder Medikamente) einzuschränken; gleichzeitig soll der Suizid nicht tabuisiert, sondern es soll offen darüber gesprochen werden – so wie wir das heute tun. *Selektive und indikative Prävention* geschieht in erster Linie auf individueller Basis. Hier geht es um Diagnose und Behandlung, um das Einrichten von «Sorgentelefonen» oder auch um punktuelle Interventionen, falls in einem bestimmten Milieu gehäuft Suizide vorkommen.

Anhand einiger Beispiele soll nun gezeigt werden, was Primärprävention, selektive und indikative Prävention konkret zu leisten vermögen.

Mehrere Länder, etwa Australien, Schweden, Frankreich und Finnland, initiierten auf nationaler Ebene *Präventionskampagnen*, die auf suizidales Verhalten fokussiert sind.[5] Solche Programme richten sich nicht unbedingt nur an Jugendliche, doch ist die Suizidproblematik Jugendlicher selbstverständlich Teil des Gesamtdispositivs. Exemplarisch in dieser Hinsicht ist das in Finnland entwickelte Programm: Es bezieht mehr als dreissig im Gesundheits-, Bildungs- und Sozialwesen tätige öffentliche

---

5 T. E. Joiner u. a., A brief screening tool for suicidal symptoms, 2002; A. J. F. M. Kerkhof, The Finnish national suicide prevention program evaluated, 1999, 50 und 63

und private Organisationen ein. Ebenfalls an das als Netzwerk konzipierte Programm angeschlossen sind Polizei und Armee, aber auch Institutionen wie die Anonymen Alkoholiker. In diesem Rahmen wurden insbesondere Kriseninterventionszentren für Personen mit suizidalem Verhalten eingerichtet, aber auch – im Sinne der Primärprävention – Aktivitäten in Schulen und Gemeinschaften zu den Themen Wohlbefinden und Lebenskompetenzen entwickelt. Eine Evaluation des finnischen Programms (als eines der wenigen wurde es evaluiert) ergab eine Senkung der Suizidrate in der Grössenordnung von 10 %.

Im Zusammenhang der Primärprävention habe ich bereits auf die *Rolle der Medien* hingewiesen. Ältere Untersuchungen aus den USA zeigen, dass der Einfluss der Medien immer dann negativ ist, wenn sie Suizidversuch und Suizid aufwerten. Gleiches gilt für den Film mit seiner zuweilen romantischen Darstellung des Suizids.[6] In der Schweiz bieten denn auch mehrere Institutionen Sensibilisierungs- und Weiterbildungsseminare für professionelle Journalisten an. Angestrebt wird eine zurückhaltende und neutrale Darstellung des Themas Suizid; in erster Linie soll die Botschaft vermittelt werden, Suizid sei weder eine glorreiche Tat noch Schicksal, sondern der in vielen Fällen vermeidbarer Endpunkt eines Leidensdrucks. Evaluationen von Berufskollegen aus dem Kanton Bern ergaben, dass sich der Ton der Berichterstattung zum Thema Suizid in der Schweiz in den letzten Jahren stark verändert hat.

Wenden wir uns nun den direkt an Jugendliche gerichteten Aktionen zu, namentlich der *Präventionsarbeit in Schulen*. Die Fachliteratur zu diesem Thema ist kontrovers, und Fachleute sind sich darüber, wie dieses Thema am besten anzugehen sei, nicht immer einig.[7] In etlichen Ländern, etwa in den USA und in der kanadischen Provinz Québec, erarbeiteten verschiedene Institutionen Aktionen für den Schulunterricht, die darauf abzielen, das Wohlbefinden und die geistige Gesundheit durch interaktive Programme (etwa Rollenspiel, Gruppendiskussionen oder Besuch junger Leaderfiguren) zu verbessern. Einige Schulen konzentrieren sich auf das Wohlbefinden im Allgemeinen, während andere das Thema Suizid direkt anschneiden. Ich persönlich hege einige Vorbehalte, wenn es um Nutzen und Effizienz systematischer Lehrangebote zum Thema Suizid an Schulen geht, denn bislang konnte noch keine Studie die Wirksamkeit solcher Angebote belegen. Vermutlich höchst nützlich und effizient sind hingegen Interventionen nach dem Suizid einer Lehrperson oder eines Schülers, ebenso Massnahmen, die eine Verbesserung von Wohlbefinden und geistiger Gesundheit bezwecken.

---

6 M. S. Gould u. a., The impact of suicide in television movies, 1986; D. P. Phillips u. a., The impact of televised movies about suicide, 1987
7 D. Shaffer u. a., Preventing teenage suicide, 1988; D. Shaffer u. a., Methods of Adolescent Suicide Prevention, 1999, 70–74; P. Bowen u. a., Youth suicideprevention programs, 2001

Nun möchte ich näher auf selektive, also eher auf gefährdete Jugendliche fokussierende Präventionsprogramme eingehen: Weltweit, so auch in der Schweiz, wurden an Schulen Programme zur Früherkennung von suizidgefährdeten Jugendlichen erarbeitet. Ein namhafter Spezialist der Suizidprävention bei Jugendlichen, Shaffer[8], vertritt die Auffassung, es handle sich hier um eine der wenigen effizienten Methoden der Suizidprävention überhaupt. Im Übrigen liegen einige indirekte Beweise vor, welche die Wirksamkeit solcher Debriefing-Interventionen nach einem Suizidereignis in einer Schule bestätigen. Mit Aktionen dieser Art soll insbesondere der Nachahmungseffekt vermieden werden.[9]

Gleiches gilt für Aktionen mit dem Ziel, das Umfeld der Jugendlichen für das Thema Suizid zu sensibilisieren. Es handelt sich um einen konsequenten, den schulischen Rahmen übersteigenden Ansatz. Im Kanton Tessin etwa wurden in den letzten Jahren Sensibilisierungskurse für Arbeitgeber und Lehrmeister erarbeitet. Als Teil dieser langfristig angelegten Arbeit wurde eine Broschüre zum Thema «Suizid bei Jugendlichen» erarbeitet; hinzu kamen Artikel in der Presse, Interventionen auf politischer Ebene und ein bedeutender internationaler Kongress. Die Evaluation des Programms weist dessen hohe Akzeptanz und dessen unbestreitbare Wirkung auf die betroffenen Berufsleute nach.[10]

Doch nun zum letzten Aspekt der Suizidprävention, den ich angehen möchte: *Pflege- und Betreuungsstrukturen*. Allgemein bekannt ist, dass bei Jugendlichen, die bereits einen Suizidversuch unternommen haben, das Risiko einer Wiederholung der suizidalen Geste oder einer Selbsttötung höher ist als im Bevölkerungsdurchschnitt. Es ist demnach nur konsequent, wenn ein Höchstmass an Mitteln bereitgestellt wird, damit diese Jugendlichen Zugang zu Pflege- und Betreuungsstrukturen haben und sich, wenn immer nötig, psychiatrisch und psychosozial behandeln und betreuen lassen. Dass dieses Ziel erreicht wird, setzt voraus, dass Berufsleute besser ausgebildet werden, um Suizidrisiken zu erkennen, und dass der Zugang zu Therapien verbessert wird. Ist dieser Zugang einmal gesichert, ist schliesslich die Effizienz der Betreuung zu steigern. In der bereits erwähnten Umfrage unter 10 000 15- bis 20-jährigen Jugendlichen in der Schweiz[11] wurden Jugendliche, die bereits einen Suizidversuch unternommen hatten, gefragt, ob ihr soziales Umfeld davon gewusst habe und ob es ihnen möglich gewesen sei, ihre suizidale Geste mit einer Fachperson im Gesundheitswesen zu besprechen.[12] Die Hälfte der Jugendli-

8 D. Shaffer u. a., Preventing teenage suicide, 1988
9 R. D. Goldney u. a., Postvention in schools, 1996, 17
10 P. A. Michaud u. a. (nicht publiziert)
11 P. A. Michaud u. a., Les médecins et les problèmes de santé des adolescents, 1995
12 C. Rey u. a., Les conduites suicidaires chez les adolescents en Suisse, 1997

chen, die angegeben hatten, in den 12 Monaten vor der Umfrage einen Selbsttötungsversuch begangen zu haben, hatten mit niemandem darüber gesprochen; mit anderen Worten, diese Suizidversuche wurden überhaupt nicht wahrgenommen. 80 %, also vier von fünf Jugendlichen, welche die Frage nach einem Suizidversuch bejahten, hatten einen Arzt konsultiert, aber nur 10 % von ihnen hatte sich die Gelegenheit geboten, ihren Suizidversuch mit einem Arzt zu besprechen, und nur 17 % hatten Zugang zu psychologischer oder psychiatrischer Behandlung.[13]

Für das Gesundheitswesen und für Fachleute, die in Kontakt mit Jugendlichen stehen, besteht die Herausforderung folglich darin, Jugendliche, die ernsthaft an Suizid denken oder bereits Suizidversuche hinter sich haben, besser zu eruieren und gemeinsam mit ihnen zu erörtern, ob sie sich auf eine Betreuung einlassen würden. In unserem Land wurden Kurse für Fachpersonen eingerichtet, um sie für die Thematik zu sensibilisieren und sie besser auszubilden. Unser Nachbarland Frankreich hat den Suizid Jugendlicher zu einem prioritären Thema der Gesundheitspolitik der kommenden Jahre erklärt und zur Verbesserung der Zusammenarbeit die Schaffung einer ganzen Reihe von multidisziplinären Netzwerken in praktisch allen französischen Departementen subventioniert.

Vielen Jugendlichen fällt es schwer, für sich selbst Hilfe einzufordern – deshalb auch die hohen Hürden beim Zugang zu Pflege- und Betreuungsstrukturen. Eine erste Anlaufstelle für manche Jugendliche können Nottelefone wie Dargebotene Hand, Help-o-fon oder Telme (früher SOS-Kinder) sein – ein erstes Glied in der bereits erwähnten Kette. Anschliessend können sie einen weiteren Schritt tun und Hilfe erbitten. Ein weiteres, heute noch unterschätztes, langfristig aber lohnendes Instrument könnte das Internet sein: Die Vereinigung CIAO in Lausanne betreibt seit einigen Jahren eine Website[14]. Dort können Jugendliche völlig anonym Fragen stellen und erhalten dann innert ein bis zwei Tagen von einer Fachperson eine spezifische Antwort. Nicht selten thematisieren Jugendliche ihren Leidensdruck und bitten um Rat und Hilfe, wenn auch häufig in indirekter oder recht ambivalenter Form.

---

13 Ebd.
14 www.ciao.ch

Schluss

Die Thematik Suizidalität im Kindes- und Jugendalter stellt für das Gesundheitswesen wie für die Gesellschaft ganz allgemein eine grosse Herausforderung dar. Bekanntlich entzieht sich ein Grossteil der Jugendlichen, die leiden und suizidales Verhalten eingestehen, jeder Form von Hilfe. Die Früherkennung solcher Jugendlicher ist zu verbessern und, wie dies an vielen Schweizer Schulen bereits der Fall ist, gilt es, Netzwerke von Fachleuten, Mediatoren und Schul-Krankenschwestern aufzubauen – mit anderen Worten: Es sind niederschwellige Zugangsmöglichkeiten zu schaffen. Die genannten Fachleute sind gewissermassen Glieder einer Kette; sie können Jugendlichen den Zugang zu fachspezifischen Betreuungssystemen erleichtern. Doch Früherkennung allein genügt nicht, vielmehr müssen professionelle Strukturen in der Lage sein, angemessen auf Hilferufe von Jugendlichen, die sich in einer Krise befinden, zu antworten – und hier besteht eine Schwachstelle, mangelt es doch in manchen Regionen an einschlägigen Institutionen und an gut ausgebildeten Fachpersonen. Auf eine kurze Formel gebracht: Der Suizid Jugendlicher ist nicht bloss eine medizinische Herausforderung, sondern im wahrsten Sinn die Angelegenheit aller. Der Allgemeinheit stellen sich drei Fragen, auf die wir gemeinsam eine Antwort finden müssten:

Weshalb ist die Suizidrate von Jugendlichen in der Schweiz derart hoch?

Weshalb wird so häufig von der Gewalt Jugendlicher und ihrem nicht konformen Verhalten gesprochen, während die Gewalt, die sie gegen sich selbst richten, noch immer kaum diskutiert wird?

Weshalb betrachten noch immer allzu viele Erwachsene den Suizid von Jugendlichen als einen selbstgewählten Entschluss, obwohl es sich in den allermeisten Fällen um einen Hilferuf handelt?

Bibliographie

Bowen, P. u. a.: Youth suicide prevention programs, Review of the litterature published in English or French between 1990 and 1999, Genf 2001

Caisse nationale de l'assurance maladie des travailleurs salariés (CNAMTS) u. a. (Hg.): Prévention primaire du suicide: Recommandations pour les actions régionales et locales, Comité français d'Éducation pour la Santé (CFES), Vanves 2001

Clark, S.: Bereavement after suicide – how far have we come and where do we go from here?, in: Crisis 22, 3, 102–108, 2001

Delbos-Piot, I. u. a.: La santé des jeunes hors du système de formation: comparaison entres jeunes hors formation et en formation dans le cadre de l'enquête sur la santé et les styles de vie des 15-20 ans en Suisse Romande, in: Santé publique 1, 59–72, 1995

Goldney R. D. u. a.: Postvention in schools: affective or effective?, in: Crisis 17, 3, 98–99, 1996

Gould, M. S., u. a: The impact of suicide in television movies: Evidence of imitation, in: New England Journal of Medicine 315, 690–694, 1986

Joiner, T. E. u. a.: A brief screening tool for suicidal symptoms in adolescents and young adults in general health settings: Reliability and validity data from the Australian national general youth suicide prevention project, in: Behavior, Research and Therapy 40, 4, 471–481, 2002

Kerkhof, A. J. F. M.: The Finnish national suicide prevention program evaluated, in: Crisis 20, 2, 50 und 63, 1999

Michaud, P.-A. u. a.: Les médecins et les problèmes de santé des adolescents: un défi? Quelques résultats de l'enquête nationale sur la santé des adolescents de 15 à 20 ans, in: Schweizerische Ärztezeitung 76, 3, 105–112, 1995

Phillips, D. P., u. a.: The impact of televised movies about suicide: A replicative study, in: New England Journal of Medicine 317, 809–811, 1987

Rey, C. u. a.: Les conduites suicidaires chez les adolescents en Suisse: Le rôle des médecins, in: Archives de Pédiatrie 4, 784–792, 1997

Shaffer, D. u. a.: Preventing teenage suicide: A critical review, in: Journal of the American Academy of Child and Adolescent Psychiatry 27, 6, 675–687, 1988

Shaffer, D. u. a.: Methods of adolescent suicide prevention, in: Journal of Clinical Psychiatry 60 [Suppl. 2], 70–74, 1999

Cosette Odier

LEIDENSDRUCK UND SUIZID: BEGLEITUNG CHRONISCHKRANKER

Seit fast 20 Jahren begleite ich als Seelsorgerin chronischkranke Männer und Frauen. «Chronischkrank» ist ein Begriff, der auf zahlreiche Menschen zutrifft; ihnen allen ist gemeinsam, dass sie seit langem an einer mehr oder weniger schweren unheilbaren Krankheit leiden.

Mit Chronischkranken kam ich erstmals in einem auf Palliativpflege spezialisierten Geriatriekrankenheim in Berührung: Dort hatte ich es mit hochbetagten Menschen zu tun, die an mehreren, physischen wie psychischen Krankheiten zugleich litten – angefangen beim vierten Lebensalter, das von manchen als chronische Krankheit bezeichnet wird. Gepflegt wurden dort aber auch jüngere Menschen mit Krankheiten im Endstadium.

Anschliessend war ich mehrere Jahre lang in einem Allgemeinkrankenhaus tätig. Hier kam ich mit Personen in Berührung, die einen misslungenen Suizidversuch hinter sich hatten.

In jenen Jahren wurden mir die unglaublichsten Geschichten erzählt, Geschichten von Leiden, Erniedrigung und Lebenskraft, die mich noch immer in Erstaunen versetzen und berühren. Ich war Zeugin diametral entgegengesetzter Reaktionen auf schwierige Lebenssituationen.

Im Folgenden nun einige Einsichten, die mir aus meiner Begleitungspraxis wichtig geworden sind:
– körperlicher Schmerz ist verheerend;
– der Lebenswille von Menschen, die an einer der zahlreichen Erscheinungsformen chronischer Krankheiten leiden, ist nicht proportional zur Summe der Leiden und er ist darüber hinaus schwankend;
– wir sind es kaum mehr gewohnt, mit unserer Sterblichkeit, dem Verlust unserer Autonomie und unserer Selbstkontrolle konfrontiert zu sein.

Körperlicher Schmerz ist verheerend

Das Thema körperlicher Schmerz und Schmerzlinderung wird heute häufiger angesprochen als noch vor wenigen Jahren; die Bevölkerung ist besser darüber informiert, dass sie vom Arzt angemessene Schmerzlinderung erbitten, ja geradezu verlangen kann – und dennoch, noch allzu häufig begegnet mir das Phänomen der schlecht eingeschätzten, unterschätzten oder, schlimmer noch, vernachlässigten Schmerzen. Im Umgang mit

Schmerzen gibt es ein Gebot: dem Patienten aufs Wort glauben. Wir sollen ihm glauben, auch wenn wir die Intensität seiner Schmerzen nicht mit Hilfe einer Röntgenaufnahme oder sonst eines komplizierten technischen Untersuchs feststellen können.

Doch wie schwierig ist es manchmal, Patienten Glauben zu schenken, die sich immerzu wiederholen und sich widersprechen, die nur ungenügend informiert oder gar ein bisschen wirr sind! Wie schwierig ist es, den Schmerz eines Menschen einzuschätzen, der noch nicht oder nicht mehr sprechen kann...

Dennoch, das ist meine Überzeugung, chronischer Schmerz zieht letzten Endes jegliche Lebensenergie ab, beansprucht jegliche Aufmerksamkeit und hindert den Menschen daran, sich von den Überraschungen des Lebens überraschen zu lassen – «Aufpassen, es wird wehtun!» Denn nicht bloss der Schmerz allein schwächt, sondern ebenso sehr die Angst vor dem erneuten Schmerz, die Befürchtung, einmal mehr nicht verstanden, in die unerbittliche Einsamkeit zurückgestossen zu werden. In diese Einsamkeit bohrt sich dann schleichend der Zweifel, ob man überhaupt noch fähig sei, die Realität richtig wahrzunehmen: «Und wenn ich Unrecht hätte und mein Schmerz eigentlich erträglich sein müsste...?»

Chronischer Schmerz macht einsam, zermürbt und lässt den Wunsch aufkeimen, allem ein Ende zu setzen, damit es mit dem Schmerz ein für allemal zu Ende sei. Schmerz deprimiert und führt in den Teufelskreis von Entmutigung, Verlust des Selbstvertrauens und Niedergeschlagenheit. In einer solchen Situation kommt es nicht zwangsläufig zum bewussten Entscheid, seinem Leben aktiv, durch Selbsttötung, ein Ende zu setzen, vielmehr beginnt ein langsames, von niemandem mehr aufzuhaltendes Abgleiten in den Tod. In diesem Stadium allerdings wird es keiner Begleitung, und sei sie noch so sorgfältig, gelingen, auch nur zeitweilig Erleichterung zu verschaffen.

Wieder und wieder ist also darauf zu pochen, dass Schmerz in 90 % der Fälle behandelt werden kann, dass starke Antalgika, etwa Morphium, nicht todbringende Mittel sind, dass es in der heutigen Zeit inakzeptabel ist, dass Männer, Frauen und Kinder allen Möglichkeiten der Palliativmedizin zum Trotz weiterhin leiden – wegen mangelnder Kompetenzen oder Nachlässigkeit. Ein Recht auf Heilung können wir nicht einfordern, wohl aber das Recht auf Schmerzlinderung.

In unserem Zentrum für Langzeitpatienten hatte ich es oft mit Menschen zu tun, deren Lebensfreude wieder erwachte, weil ihre Schmerzen endlich – zumindest teilweise – therapiert werden konnten. Nun war es ihnen möglich, ihre Energie wieder den Mitmenschen, der Gemeinschaft zuzuwenden und auf neue Anregungen einzugehen.

Der Lebenswille Chronischkranker

*Der Lebenswille von Menschen, die an einer der
zahlreichen Erscheinungsformen chronischer
Krankheiten leiden, ist nicht proportional zur
Summe der Leiden und er ist darüber hinaus
schwankend.*

Ich spreche jetzt nicht vom körperlichen Schmerz – gehen wir einmal
davon aus, dieser werde adäquat behandelt –, sondern vom seelischen
Schmerz, den die chronische Krankheit verursacht. Die chronische
Krankheit – habe sie physische oder psychische Ursachen – zwingt zu
intensiver seelischer Arbeit und braucht sehr viel Energie: die Arbeit, die
Realität so zu akzeptieren, wie sie ist, und die Trauerarbeit über die Vergangenheit und darüber, was Gegenwart und Zukunft hätten sein können.
Und nicht alle tun diese Arbeit unter denselben Bedingungen, unter denselben *seelischen* Bedingungen, meine ich.

Eine wichtige Orientierungshilfe bietet uns der österreichische Psychiater Viktor E. Frankl in seinen Aufsätzen über die therapeutische Arbeit,
die er mit einigen Kollegen während seiner Internierung im Konzentrati-
onslager Auschwitz entwickelt hatte.[1] Frankl spricht von drei Reaktions-
phasen auf die Internierung:

– Phase des Schocks: Panikzustand angesichts der Realität, verbunden –
so Frankl – mit unmittelbarer Suizidgefahr;

– Phase der Charakterveränderung: Gleichgültigkeit und Aggressivität,
gepaart mit einem ausgeprägt egozentrischen Überlebensinstinkt;

– Phase der Entlassung: abruptes Nachlassen der Spannung, was sich als
äusserst destabilisierend erweisen kann.

In unserem Zusammenhang von besonderem Interesse ist die zweite
Phase, ergeben sich hier doch Parallelen zur chronischen Langzeiterkran-
kung, in deren Verlauf sich die Frage nach dem Sinn des Lebens in aller
Schärfe stellt. In dieser Lage äussersten Leidens spricht Frankl davon, dass
«ein im Geistigen verankertes Selbstwertgefühl durch die Situation im
Lager nicht zu erschüttern ist» und dass es Menschen gibt, die sich durch
die Realität, in der sie sich befinden, nicht konditionieren lassen. Aus eigener Erfahrung weiss er, wie selten, aber auch wie ansteckend Menschen
sind, die zu diesem Blick auf sich selbst fähig sind. Und so hätten denn
viele Gefangene – so Frankl weiter – das Lager mit dem Gefühl verlassen,
sie hätten gelernt, nichts mehr zu fürchten ausser Gott.

1 V. E. Frankl, Psychologie und Psychiatrie des Konzentrationslagers, 1961, 185–215, zit.
194 und 200

Diese Fähigkeit zur Sinngebung dort, wo es scheinbar überhaupt keinen Sinn mehr gibt, versuchten Frankl und seine Gefährten mit der den Häftlingen angebotenen Psychotherapie zu stärken. Es ging ihnen darum, sie gewissermassen zu ihrer eigenen kopernikanischen Wende zu befähigen: Weg von «Ich habe vom Leben nichts mehr zu erwarten» hin zu «Das Leben erwartet etwas von mir». Wir wissen wohl, welche Arbeit das bedeutet, welchen Abstand es braucht, um nicht im eigenen Leiden zu versinken, sondern es in den Horizont des Schicksals der Menschheit überhaupt zu stellen.

Frankl fordert uns – und mit unserer Unterstützung die leidenden Menschen – auf, stärker das «*weshalb leben?*» als das «*wie leben?*» zu betonen. Er zeigt auf, dass diese schwierige Trauerarbeit sogar in einer Situation äusserster Ausweglosigkeit möglich ist.

Genau dies konnte ich, zuweilen auf ganz überraschende Weise, auch an Chronischkranken beobachten, nämlich dass die Fähigkeit des Menschen, die eigene Situation zu transzendieren, durchbricht und ansteckend wirken kann. Schwerkranke Menschen werden manchmal von diesem Geist der Sublimation (*esprit de sublimation*) bewegt, während andere, deren Leiden wir als «akzeptabler» einstufen, in Apathie versinken und ihre Aggressivität gegen sich selbst richten.

Männer und Frauen, die solide im Leben verankert sind, die der Natur nahe stehen, die mit beiden Füssen fest auf dem Boden stehen und ihr Leben mit gesundem Menschenverstand meistern, Männer und Frauen, die ein Urvertrauen haben, ihren Glauben aktiv leben und loslassen können – sie sind zu dieser grossen Arbeit eher fähig.

Verlust von Autonomie und Selbstkontrolle

> *Wir sind es kaum mehr gewohnt,*
> *mit unserer Sterblichkeit, dem Verlust*
> *unserer Autonomie und unserer*
> *Selbstkontrolle konfrontiert zu sein.*

Wir alle wissen, dass unsere Gesellschaft von zwei gegensätzlichen Trends beherrscht wird: der Illusion der stets möglichen Wiederherstellung einerseits und dem Zwang zum Wegwerfen, um zu ersetzen, andererseits. Oftmals gehen wir zum Arzt, als würden wir zum Garagisten gehen: um «repariert zu werden», damit «man es nicht mehr sieht»; ja vielleicht erheben wir gar den Anspruch, alles müsse «schöner noch als früher» werden ... Und wie die Grille in der Fabel, sind wir wehrlos, wenn plötzlich ein kühlerer Wind zu blasen anfängt...

Und wie viele – selbst ältere – Männer und Frauen ohne Widerstandskraft gegenüber den Härten des Lebens sind mir begegnet...

Abhängig werden, in unserem Intimleben von anderen abhängig sein – wie schwer fällt uns das: «Lieber sterben als abhängig werden...»

Neulich nahm ich mit einigen Psychiatern an einem Kolloquium teil, an dem unsere Thematik ebenfalls diskutiert und mir eine äusserst stimulierende Frage gestellt wurde: «Und Ihr, in den Kirchen, was tut Ihr in Sachen Prävention?»

Ich interpretierte die Frage wie folgt: «Was tut Ihr, damit unsere Mitmenschen befähigt werden, Leben und Tod, Glück und Leiden als ein zusammengehörendes Ganzes empfinden zu können?»

Für mich stellt diese Frage noch immer eine Herausforderung dar, bin ich mir doch bewusst, dass ich Erbin einer Tradition bin, in deren Mitte die Überzeugung steht, dass es Leben nicht ohne den Tod gibt, dass das Weizenkorn keine Frucht bringen kann, wenn es nicht stirbt.

Und so lasse ich mich denn auf das riskante Unternehmen ein, zu sagen, Tod und Leiden können einen Sinn haben, ohne aber auch nur andeutungsweise Leiden und Tod aufwerten oder idealisieren zu wollen...

Genau diese Fragen aber stelle ich mir täglich, einerseits – ich habe es bereits erwähnt – auf Grund meiner Seelsorgetätigkeit der letzten 20 Jahre, andererseits aber auch wegen dieses Mannes:

Charles Odier ist tot

Ohne den Suizid meines Mannes vor fünf Jahren würden mich diese Fragen weniger bedrängen, sie fänden in meinem Inneren einen weniger starken Widerhall. Ich wäre nicht mit derselben Intensität vom brennenden Wunsch getragen, wieder und wieder zu sagen, dass das Leben selbst in Extremsituationen einen Sinn haben kann.

Charles litt an einer chronischen Krankheit, er litt am Leben, doch verstand er es, dies zu verbergen – eine latente Form von Depression; eines Tages, vielmehr eines Nachts, stürzte er ins Leere...

Heute kann ich eingestehen, dass seine Geste mich und unsere Kinder tiefgreifend und für immer geprägt hat, aber ich kann auch einräumen, dass sie mich vieles gelehrt hat. Ich möchte dazu drei Dinge festhalten:
– die eigene Freiheit und Autonomie hat ihre Grenzen;
– der Suizid verurteilt zu einer von Zorn und Schuldgefühl gezeichneten Trauer;
– zu neuem Leben erwachen bedeutet zuallererst, ins Sterben einzuwilligen.

Die eigene Freiheit und Autonomie hat ihre Grenzen

Für Charles musste der Leidensdruck unerträglich gewesen sein, denn sonst hätte er nicht den Entschluss gefasst, mit einer bewusst vorbereiteten Tat aus dem Leben zu scheiden. Unsere erste Reaktion war, dass wir ihm das Recht auf diesen Entscheid, die Freiheit, sich das Leben zu nehmen, zugestehen wollten.

Doch je mehr Zeit verstreicht, umso stärker setzt sich in mir die Überzeugung durch, dass es der Tod selbst ist, der unserer Autonomie Grenzen setzt. Wer den Tod wählt, der wählt nicht. Vielmehr verurteilt er die anderen dazu, über mehrere Generationen hinweg eine Last zu tragen; er hindert das Leben daran, uns seinen Sinn zu offenbaren; er verhindert, dass Gott unsere Mühsal hört, dass der Geist sein heilendes Werk vollbringt.

Dass Charles den Frieden und das von ihm gesuchte Licht gefunden hat, das glaube ich. Doch meine Überzeugung bleibt, dass er eine schlechte Wahl getroffen und uns daran gehindert hat, gemeinsam mit ihm neue Wege aus seinem Leiden zu finden – er hat uns zum Schweigen gebracht. Er hat seine Zugehörigkeit zur Gemeinschaft der Menschen geleugnet. Und diese Freiheit und dieses Recht hat, so glaube ich, kein Mensch.

Ich glaube, dass es äusserste Momente gibt, in denen wir überzeugt sein müssen, dass wir dieser Gemeinschaft der Menschen angehören und dass sie uns stützen, uns helfen und auf diese Weise ihrerseits menschlicher werden kann ... Ich glaube das zutiefst, aber ich weiss auch, dass allzu grosses Leiden uns zeitweilig der Fähigkeit beraubt, uns als Teil dieser Gemeinschaft der Menschen zu sehen, dass grosses Leiden uns das Verständnis für diese Einsicht nimmt.

Der Suizid verurteilt zu einer von Zorn und Schuldgefühl gezeichneten Trauer

Aus eigener Erfahrung weiss ich, dass der Suizid eine in besonderem Mass von Zorn und Schuldgefühlen geprägte Trauerarbeit abfordert. Wer hat sich die Frage nicht gestellt, was er, was sie hätte tun können, um den Suizidenten von seinem Vorhaben abzubringen.

Aber wir wissen auch, dass das eine rhetorische Frage ist, denn niemand kann einen zum Äussersten entschlossenen Menschen davon abhalten, sich das Leben zu nehmen. – Und trotzdem, der Zweifel will lange Zeit nicht weichen.

Persönlich konnte ich mich von diesem Schuldgefühl von jenem Zeitpunkt an lösen, da ich zwischen Schuld und Verantwortung zu unterscheiden begann. Heute fühle ich mich nicht mehr schuldig am Suizid meines

Mannes, aber ich stehe – gleichermassen als Mitmensch – dafür in der Verantwortung, dass ich es nicht verstanden habe, ihn so zu lieben, dass er nicht zum Äussersten hätte schreiten müssen, mit anderen Worten: dass ich ihn verletzte, als ich ihm zu helfen glaubte, dass ich, was ich nie wollte, ihm wehtat. Nicht um meinen Fehltritt, meinen Fehler geht es, sondern um mein Unvermögen, so zu lieben, wie Christus mich liebt. – Mit dieser Unterscheidung habe ich meinen Frieden gefunden.

Mein Zorn hingegen hat sich noch nicht ganz gelegt ... und ich glaube, dass Zorn in solchen Situationen ein Gefühl ist, das sich hartnäckig hält, ja dass Zorn ein lebensnotwendiges Gefühl ist. Denn letztlich drängt mich dieser Zorn im Leben voran.

An einem wunderbaren Skitag etwa kommt immer der Moment, da ich in Zorn darüber gerate, dass Charles sich dafür entscheiden konnte, die Schönheiten des Lebens nicht mehr geniessen zu wollen. Ich schimpfe vor mich hin, dann setzte ich zu einer rasanten Abfahrt an – des Wunders des Lebens mehr denn je bewusst. Ein Zorn also, der mich wieder mit meiner eigenen Lebensenergie verbindet.

Aber es gibt auch verstörendere Zornanfälle; sie kommen dann auf, wenn ich mir schmerzlich der Folgen der Tat bewusst werde. Meine Kinder haben keinen Vater mehr, der mit ihnen ein Stück gemeinsamen Weges gehen kann. Dieser Zorn wird mich, davon bin ich überzeugt, bis zu meinem letzten Atemzug begleiten. Dieser Zorn ist zugleich Ausdruck der abgrundtiefen Traurigkeit und der Konfrontation mit der eigenen Ohnmacht – ein Gefühl, das während der ganzen, langen Zeit der Trauer um einen durch Suizid verlorenen Menschen latent ständig da ist.

Zu neuem Leben erwachen bedeutet zuallererst, ins Sterben einzuwilligen

Um meine Lebensenergie wiederzufinden – und das war ein langer Weg –, war ich gezwungen loszulassen. Ich musste mich gehen lassen ... mir helfen lassen, mich heilen lassen, ohne viel machen zu können ... diesem Gang durch die Nacht zustimmen ... einen Tag nach dem anderen leben, mir die Mühe nehmen, zu essen, Sport zu treiben, mich beweinen zu lassen ... und allmählich ging es aufwärts, konnte ich die mich überwältigende Niedergeschlagenheit überwinden und meine Energie wiederfinden, fast meine ganze Energie...

In jenen Momenten tiefster Niedergeschlagenheit und schwärzester Dunkelheit fühlte ich mit jeder Faser meines Körpers, wie schwierig es sein kann, das Leben zu wählen; ich wurde gewahr, wie verführerisch es sein kann, sich in den Tod gleiten zu lassen, um Ruhe und Frieden zu finden...

Aus diesem Prozess gehe ich mit grosser Demut hervor: Ich bin mir bewusst geworden, welches Privileg ich hatte, in meinem Innersten genügend Vertrauen und Liebe empfangen zu haben und noch zu empfangen, um dem «Mut», dem Leben ein Ende zu setzen, den Kampf für das Leben vorzuziehen.

Zum Schluss

Doch kehren wir abschliessend zu den Chronischkranken zurück.

Was haben mich diese Reflexion und diese Erfahrung der letzten fünf Jahre gelehrt?

Wie nehme ich jene Chronischkranken wahr, die mir eingestehen, sie würden am liebsten allem ein Ende setzen?

Mehr denn je bin ich – so glaube ich – empfänglich für die Tiefe ihres Leidens; ich höre ihnen mit empathischer Aufmerksamkeit zu, nehme die Regungen ihres Herzens und ihrer Seele intensiver wahr.

Zugleich stelle ich meine ganze Kreativität und die Liebe, die ich von Gott für sie empfange, in den Dienst des Lebens ... ich versuche, die Quelle zu finden, die – davon bin ich überzeugt – in ihnen strömt ... zuweilen rüttle ich sie ein wenig auf, indem ich ihnen ihre Verantwortung vor Augen halte, die sie als Menschen haben, die der Gemeinschaft des Lebendigen angehören, oft leidend zwar, aber lebend ... und in jedem Fall versuche ich, sie zu lieben ...

Denn ist nicht die Liebe stärker als der Tod?

Bibliographie
Frankl, V. E.: Psychologie und Psychiatrie des Konzentrationslagers (1961), in: ders., Logotherapie und Existenzanalyse, Texte aus fünf Jahrzehnten (mit einer Einführung von Giselher Guttmann), Piper, München 1987, 185–213

Ebo Aebischer

NACHSORGE – DIE SOFORTIGE UND LANGFRISTIGE UNTERSTÜTZUNG DES UMFELDES

Der plötzliche Tod eines geliebten Nächsten stürzt die Zurückbleibenden von einem Augenblick auf den anderen in tiefste seelische Finsternis und Not. Vom Einbruch dieser Nacht an über das Erkennen der ersten Morgenröte bis hin zum hoffnungsvollen Beschreiten eines neuen Lebensweges gilt es den Hinterbliebenen beizustehen.

Zur Nachsorge gehört auch, dass dafür gesorgt wird, dass sich die Betroffenen von dem falschen und diskriminierenden Ausdruck «Selbstmord» distanzieren können.

Es ist an uns allen, dafür zu sorgen, dass dieser falsche und diskriminierende Begriff aus dem Sprachgebrauch verschwindet, so wie das durch entsprechende Bürgerrechtsbewegungen im Falle unserer schwarzen oder arktischen Mitmenschen möglich war. So kommt es heute wohl kaum noch jemanden in den Sinn von «Negern» oder «Eskimos» zu reden.

Beistand von der ersten Stunde an

Es hat sich als überaus hilfreich erwiesen, wenn schon am Sterbeort oder bei der Überbringung der Todesnachricht eine Seelsorgerin, ein Seelsorger oder andere betreuende Person den Hinterbliebenen beistehen kann.

Ich möchte im Folgenden im Nacherzählen meiner eigenen Erfahrungen als Seelsorger aufzeigen, welche Faktoren m.E. für die Begleitung zentral sind.

Nachdem ich den Angehörigen mein Beileid bekundet habe, muss ich einfühlsam auf die Reaktionen der unter Schock Stehenden achten. Dabei geht es nicht um den Versuch, das Geschehene zu beschwichtigen. Es geht vielmehr um das Aushalten der Verzweiflung und der seelischen Not der Betroffenen. Und dazu sind Worte oft das am wenigsten geeignete Mittel. Auch mir verschlägt es die Sprache angesichts der unsäglichen Not, die da über eine Familie hereinbricht. Für die Angehörigen *da zu sein* ist die wesentliche Aufgabe in diesen ersten Momenten. Mitunter brauchen die Hinterbliebenen eine Schulter, an der sie sich ausweinen können, einen «Nächsten», an dem sie sich festhalten können. Ich muss als Begleiter fähig sein, das auszuhalten. Ich muss ihnen durch angemessene Handlungen zeigen, dass ich *für sie da* bin, dass ich mich *für ihre Interessen und*

Anliegen einsetze. Das ist es, was die erste Not wenden kann, was notwendig ist.

Dabei geht es vorerst und unter anderem um ganz praktische Dinge. Es geht darum:

- Die Angehörigen dahingehend zu unterstützen, dass sie andere Angehörige benachrichtigen können (in dem Zustand völligen seelischen Zusammenbruchs ist es den Betroffenen oft nicht einmal möglich, das Telefonverzeichnis und dann darin die zu benachrichtigenden Personen zu finden);
- dafür zu sorgen, dass getrunken und auch gegessen wird;
- zu den Kindern zu schauen und dafür zu sorgen, dass sich eine Bezugsperson ihrer annimmt;
- den Hinterbliebenen zu erklären, was jetzt mit dem oder der Verstorbenen geschieht, wer von den vielen fremden Menschen, die sich da plötzlich in der Wohnung zu schaffen machen, welche Aufgabe hat und zu welchem Zweck er da ist;
- mit den Untersuchenden auszuhandeln, dass von der oder dem Verstorbenen gebührend Abschied genommen werden kann;
- dafür zu sorgen, dass auch ich selbst in meiner Begleitung abgelöst werde oder dass weitere Nothelfer beigezogen werden können, wenn es die Situation erfordert;
- religiöse Bedürfnisse abzuklären (Benachrichtigung des Ortspfarrers oder eines anderen von den Angehörigen gewünschten Geistlichen);
- sicher zu stellen, dass nach der Freigabe des oder der Verstorbenen durch die Gerichtsmedizin er oder sie in der von der Familie gewünschten Bekleidung aufgebahrt werden kann;
- dafür zu sorgen, dass Alleinstehende die nächsten Tage nicht alleine zu Hause bleiben müssen, dass jemand zu ihnen zum Schlafen kommt oder dass sie bei jemandem schlafen können;
- für den Fall, dass der Suizid ausserhalb des Domizils begangen wurde, den Angehörigen anzubieten, mit ihnen an den Sterbeort zu gehen;
- sicherzustellen, dass die oder der Verstorbene so aufgebahrt wird, dass ein gebührendes Abschiednehmen möglich ist (verstümmelte Körperstellen abdecken lassen, aber auf Verlangen auch die Möglichkeit gewähren «alles» zu sehen). Eventuell ist es sinnvoll, eine Polaroid- oder Digitalaufnahme zu machen und damit die Hinterbliebenen auf den sich ihnen bietenden Anblick vorzubereiten. Hilfreich kann schliesslich das Angebot sein, die Angehörigen zur Aufbahrung zu begleiten;
- Möglichkeiten der Sargdekoration und der Beigaben zu besprechen (für Kinder sehr wichtig);
- Möglichkeiten der Gestaltung der Abdankung und Bestattung zu besprechen und darüber die Geistlichen und die Bestatter zu informieren.

Wenn ich selbst gebeten werde, die Abdankung zu gestalten, ist es im Falle einer Kirchenzugehörigkeit des oder der Verstorbenen meine Pflicht, dies zuerst mit dem Ortspfarrer / der Ortspfarrerin zu besprechen. Es ist aber in jedem Fall angezeigt, die lokalen Gepflogenheiten zu beachten und so die Trauerfamilie vor unangemessenen Reaktionen ihrer Umgebung zu schützen.

Bevor ich die Abdankungsansprache in der kirchlichen Öffentlichkeit halte, lese ich sie den nächsten Angehörigen zu Hause vor. So kann vermieden werden, dass etwas gesagt wird, was von den Hinterbliebenen als unangebracht oder gar verletzend betrachtet wird.

Dazu kommt, dass durch dieses Vorgehen bei den Hinterbliebenen eine grosse innere Spannung abgebaut werden kann. Hier, bei ihnen zu Hause, hören sie genau zu. Und wenn dann der «bereinigte» Text vor versammelter Trauergemeinde vorgelesen wird, ist es ihnen möglich, wie «aus der Erinnerung» noch einmal zuzuhören.

Unmittelbar nach der Beisetzung übergebe ich mein Manuskript der oder dem nächsten Angehörigen. Dadurch kann sichergestellt werden, was gesagt wurde und jeder Spekulation, was scheinbar gehört oder verstanden wurde, Vorschub geleistet werden.

Ich lege bei den Abdankungen von durch Suizid Verstorbenen grossen Wert darauf, dass ganz klar zum Ausdruck kommt, dass es sich um eine Selbsttötung handelt. Und ich lege Wert darauf zu betonen, dass es niemandem zukommt, irgendeine Bewertung oder Beurteilung dieses Sterbens zu machen.

Wenn die Bitte um eine Beisetzung «im engsten Familienkreis» und ohne jegliche Orientierung von weiteren Angehörigen, Bekannten und Freunden des oder der Verstorbenen an mich heran getragen wird, mache ich auf die sich daraus ergebenden Schwierigkeiten aufmerksam. Für den Fall, dass die Hinterbliebenen auf dieser Art der «Entsorgung» beharren, übernehme ich die Durchführung der Beisetzung nicht.

Weitere Nachsorge

Mit der Beisetzung ist lediglich die erste Phase der Begleitung abgeschlossen. Spätestens nach einer Woche und wenn möglich zur Sterbezeit, besuche ich die Angehörigen. Ein nächstes wichtiges Datum ist ein Monat danach. Wenn mir ein persönlicher Besuch nicht möglich ist, schreibe oder telefoniere ich.

Weitere wichtige Daten, die unbedingt ein persönliches Zeichen an die Angehörigen von mir erfordern, sind alle Geburtstage der nächsten Angehörigen (denn jetzt wird die oder der Fehlende erst recht ins Bewusstsein rücken), des oder der Verstorbenen und sein bzw. ihr Todestag. Aber auch andere Festtage (religiöse Feste) oder bei Partnerverlust der Hochzeitstag dürfen nicht ohne entsprechende Anteilnahme bleiben.

In der Regel stürzen die Angehörigen erst nach der Beerdigung «in ein tiefes Loch». Jetzt, da alle Verwandten und Bekannten abgereist sind, wird das Grübeln zur Tortur. Auch das (mitunter nur vermeintlich andere) Verhalten von Nachbarn und Bekannten wird argwöhnisch betrachtet und beurteilt. Mitunter wagen sich die Betroffenen kaum mehr vor die Tür.

In dieser kritischen Zeit ist es von allergrösster Wichtigkeit, das weitere *Da-Sein* für sie zu manifestieren. Wieder geht es bei den Folgebesuchen nicht darum, etwas «erklären», mit Worten oder Bibelsprüchen «zudecken» zu wollen. Es geht vielmehr darum, immer und immer wieder geduldig zuzuhören, «ganz Ohr» zu sein.

Schon beim ersten Trauergespräch, das als Grundlage für die Ansprache dienen soll, hat es sich bewährt, nur zuzuhören und auch längere Phasen des Schweigens oder von Wutausbrüchen auszuhalten. Die Angehörigen finden es dabei normal, dass ich mir Notizen von ihren Ausführungen mache. Dabei schreibe ich so ausführlich wie möglich mit. Das zwingt mich zum aktiven Zuhören und verhindert, dass ich selbst das Wort ergreife.

Wenn jemand anderes die Abdankung hielt, bietet sich für mich bei den Folgebesuchen die Möglichkeit, mir Notizen zu machen. Das wird in der Regel von den Angehörigen als besondere Aufmerksamkeit von mir an ihrer Situation gewertet. Ich konnte immer wieder erleben, wie die Angehörigen ihren Redefluss meinem Schreibtempo anzupassen versuchten. Das zeigt mir, wie wichtig es für sie ist, sich mitzuteilen.

Bei diesen Folgebesuchen mache ich sie auch auf die Möglichkeit der Teilnahme in Selbsthilfegruppen aufmerksam. Das Argument, dass sich eine Mutter durch niemanden besser verstanden fühlt als von einer anderen Mutter, deren Tochter sich ebenfalls das Leben genommen hat, oder dass niemand einen Mann, dessen Frau sich das Leben nahm, besser verstehen kann, als ein anderer Mann, dem dasselbe wiederfuhr, leuchtet in der Regel sofort ein. Trotzdem ist die «Schwellenangst», sich einer Selbsthilfegruppe anzuschliessen sehr gross. Deshalb wird es von den Angehörigen als sehr hilfreich empfunden, wenn ich sie auch auf dem Weg dorthin begleite.

In den Selbsthilfegruppen, bei denen sich ja nur «Experten in eigener Sache» wiederfinden, geht es darum, nicht nur Anteil am Schicksal der anderen zu nehmen, sondern auch von ihren Verhaltensmustern, ihren Nöten und Ängsten und ihrem Umgang damit zu hören. Viele Ähnlichkeiten mit der eigenen Leidensgeschichte oder aber ganz andere Konstellationen, die schliesslich zur Selbsttötung führten, können wahrgenommen werden.

Es geht nun im Verlaufe der Zusammenkünfte darum, den quälenden Fragen nach dem Warum, der Schuld, den Schuldgefühlen und Schuldphantasien, der Fassungslosigkeit, der Wut, der Scham, der Ohnmacht, der Trauer, der Angst, dem verloren gegangenen (Ur-) Vertrauen aber auch der Frage nach dem «Wie weiter» Raum zu geben.

Dabei ist es von grosser Wichtigkeit, Einblicke in grundlegend menschlich-seelische Reaktionen auf belastende Ereignisse, in psychiatrische Erkrankungen und in genetische Prädispositionen geben zu können. Denn eine Mutter, deren Partner sich das Leben genommen hat, bangt um die psychische Gesundheit ihrer Kinder und fragt sich, ob sie nicht eines Tages in einer scheinbar ausweglosen Situation gleich reagieren könnten wie ihr Vater.

Aber auch die Wiedergewinnung der Lebensfreude muss nach der «Behandlung» der schweren Themen Raum bekommen.

So gehört es zu den wichtigen Gesprächsthemen in den Selbsthilfegruppen, auch über die durch den Tod des Partners verloren gegangene Möglichkeit des Auslebens der eigenen Sexualität zu reden. Manche Mutter, deren Kind sich das Leben genommen hat, verweigert sich in der Folge ihrem Mann, weil ja durch den Geschlechtsakt Leben geschaffen werden könnte, das dann in der erlittenen Art und Weise wieder in den Tod gehen könnte.

Diese komplexen Verhaltensmuster, von denen aber alle Hinterbliebenen nach dem Suizid eines Nächsten betroffen sind, gilt es einfühlsam und doch genügend klar zu thematisieren.

Nur durch das Aufbrechen von familiären Verhaltensmustern und einen angstfreien Umgang mit dem eigenen Leben kann die mitunter «tödliche Familientradition» unterbrochen werden.

Deshalb kann die Arbeit in den Selbsthilfegruppen nicht hoch genug geschätzt werden, ist sie doch eigentliche Vorsorge für kommende Generationen.

Nachsorge bei Suiziden von alten Menschen

Es ist viel zu wenig bekannt, dass die Suizidraten mit steigendem Alter zunehmen. Deshalb ist es auch nicht erstaunlich, dass es hauptsächlich der Jugendsuizid ist, der die Gemüter erregt. Oder andersherum gesagt: Der Jugendsuizid wird als Skandal empfunden, wogegen beim Alterssuizid eine noch grössere Hilflosigkeit zum Ausdruck kommt und er in der Folge verschämt verschwiegen wird.

Für mich ist der Alterssuizid in gewissen Situationen weniger Ausdruck eines Hilfeschreis als einer Anklage. Es macht einen Unterschied, ob sich jemand in «rüstigem Alter» entschliesst, weitere Verluste hinnehmen zu wollen oder nicht, oder ob ein alter Mensch infolge Vereinsamung und körperlicher Schmerzen in seelisches und physisches Leiden verfällt, das von den Mitmenschen oder Betreuenden ignoriert wird. Wenn es aus solcher Einengung heraus zu einem Suizid kommt, ist er meiner Meinung nach Ausdruck einer schroffen Zurückweisung der Hochglanzprospekte mit Versprechungen einer «schönen neuen Welt» und einer «Leben-um-jeden-Preis-Erhaltungs-Medizin». Die Wissenschaft gebärdet sich, als wäre es wirklich nur noch eine Frage der Zeit, bis der Tod endgültig abgeschafft wird. Aber wollen unsere alten Mitmenschen das? Ist es nicht mitmenschlicher, ihnen zuzugestehen, des Lebens und der mit steigendem Lebensalter immer grösser werdenden Beschwerden und Mühen müde zu sein? Verdrängen wir mit der Verdrängung der Bewusstmachung des Alterssuizids zugleich die wirklichen Bedürfnisse und die Not des Alters?

Könnte es nicht sein, dass mit der stetigen Steigerung der Lebenserwartung die Zunahme des Alterssuizids ebenfalls gewissermassen «vorprogrammiert» wird? Ist es nicht auch ein «Recht» lebens- und leidensmüder alter Menschen, eine «Leidensverlängerung» um jeden Preis zu verweigern? Könnte der daraus erwachsende Alterssuizid nicht eine Antwort auf den Machbarkeitswahn sein mit den Merkmalen der Verweigerung, der Resignation und der Verzweiflung? Könnte es nicht auch sein, dass immer weniger ein Glaube an ein ewiges Leben als suizidpräventiver Faktor zu tragen vermag? Und wären aus diesen Überlegungen nicht neue Ansätze der Sinngebung zu erarbeiten?

Währenddem bis zum reifen Erwachsenenalter Suizidgedanken Ausdruck einer Lebenskrise sind, liegt bei der Suizidalität im Alter ein Wechselspiel aus körperlichen, psychischen und sozialen Störungen vor. Der Verlust praktisch des gesamten Bekannten- und Freundeskreises und oft auch des Lebenspartners /der Lebenspartnerin führt im hohen Alter zu einer Sinnkrise. Der alternde Mensch kommt immer mehr in eine Art neurotischen Konflikt zwischen Autonomie- und Abhängigkeitsbedürfnissen.

Aus dieser Erkenntnis heraus ist es wichtig, alten Menschen mit Geduld, Empathie und Beistand bei ihrer Suche nach der persönlichen Sinnfindung zu begegnen. Dazu gehört auch die einfühlsame Abklärung, ob Psychopharmaka indiziert sein könnten.

Grundsätzlich muss sich unsere Gesellschaft aber dringend der Frage stellen, ob eine Steigerung der Lebenserwartung um jeden Preis ohne eine entsprechende gesellschaftliche Achtung der alten Menschen angehen kann. Waren früher die «Senioren» geachtet, werden sie heute als «senil» verspottet. Nur wenn die durch das Alter gewonnene Lebenskompetenz wieder gewürdigt und den jüngeren Mitmenschen nützlich gemacht werden kann und von daher wieder eine gesellschaftliche Wertschätzung geniesst, kann der Kampf gegen steigende Suizidraten im Alter gewonnen werden.

Bibliographie

Aebischer, E.: Suizid und Todessehnsucht. Erklärungsmodelle, Prävention und Begleitung, BoD 2002 (zu beziehen über www.libri.de unter Angabe der ISBN 3-0344-089-6)

Dunne, E.: Leitlinien für Gruppenarbeit mit Hinterbliebenen nach einem Suizid, Ansprechpartner der Arbeitsgemeinschaft Hinterbliebene nach Suizid: Wolfgang Stich, Kartäuserstrasse 77, D-79104 Freiburg

Matzat, J.: Wegweiser Selbsthilfegruppen, Giessen 1997

Vogelsanger, V.: Selbsthilfegruppen brauchen ein Netz: Selbsthilfegruppen und ihre Kontakt-stellen in der Schweiz und im Fürstentum Liechtenstein, Zürich 1995

Dolores Angela Castelli Dransart

NACHSORGE NACH EINEM SUIZID: UNTERSTÜTZUNG DES ENGEREN UND
WEITEREN SOZIALEN UMFELDS VON SUIZIDENTEN

Einleitung

Der vorliegende Beitrag befasst sich mit den nachbereitenden Massnahmen (auch Nachsorge oder Postvention genannt) im Anschluss an einen
Suizid, mit Grenzen und Zielen derartiger Massnahmen sowie mit einigen
angewandten Verfahren, Methoden oder Modalitäten. Insbesondere geht
es um die Unterstützung von Trauernden nach Suizid und die Aufarbei-
tung eines Suizidereignisses an Schulen.

Die Nachsorge bezieht sich auf jene Sparte der Suizidforschung oder
Suizidologie[1], die sich mit der Unterstützung und Begleitung von Personen befasst, die, in welcher Eigenschaft auch immer, von einem Todesfall
durch Suizid betroffen sind. Sie wendet sich unter anderem, aber nicht
ausschliesslich, an das soziale Umfeld (Familie, Freunde, Kollegen), an
Fachleute im Gesundheitswesen und im Sozialbereich, an Lehrkräfte, an
Personen, die am Ort des Suizids intervenieren. Sie umfasst zudem «Strategien und Hilfestellungen, Ausbildung des Personals sowie Evaluation
und Verarbeitung».[2] Unter Bezugnahme auf die kanadische *Groupe
d'Étude sur le Suicide* (1994) definiert Gratton[3] die Nachsorge als Intervention bei den Trauernden in der Absicht, diese zu stützen, über vorhandene Hilfestellungen zu informieren, sie nötigenfalls an entsprechende
Fachstellen zu verweisen und schliesslich ein Netzwerk von Selbsthilfegruppen aufzubauen, um die negativen Folgen eines nicht verarbeiteten
Trauerfalls zu vermeiden. Die Autoren der erwähnten Gruppe verstehen
unter Nachsorge die allgemeine Begleitung sowie die Unterstützung oder
die spezifische Betreuung der Hinterbliebenen von Suizidtoten, der nach
dem Suizid involvierten Fachleute sowie der durch den Freitod betroffenen Zielgruppe (etwa Jugendliche). Die Nachsorge oder Postvention besteht also darin, jene Aktivitäten anzubieten oder «durchzuführen, die
darauf abzielen, die kurz- oder langfristigen negativen Auswirkungen zu
reduzieren, die der Suizid oder der Suizidversuch einer Person in deren
unmittelbarem oder mittelbarem Umfeld verursacht».[4]

---

1 Suizidologie ist jene Disziplin, die sich mit Erforschung, Prävention, Intervention und
Postvention im Bereich Suizid befasst.
2 Tierney u. a., in: F. Gratton, Secret, deuil et suicide, 1999, 94
3 Ebd.
4 C. Gravel, Programme de postvention en milieu scolaire, 1999, 17

Nachsorge ist von Prävention nicht zu trennen: Shneidman, einer der Begründer des Fachs Suizidologie, vertrat die Auffassung, Nachsorge sei Prävention für die nächste Generation. Auf Grund der Wirkung eines Suizids auf das unmittelbare soziale Umfeld stellen die von einem Suizid Betroffenen in der Tat eine Risikogruppe dar.

Folgen für die «Überlebendem» nach einem Suizid[5]

Die Nachsorge geht von der Annahme aus, dass die von einem Todesfall durch Suizid betroffenen Personen häufig mit ganz spezifischen Erlebnissen und Emotionen konfrontiert sind; das betrifft, von der Sinnsuche einmal abgesehen, nicht so sehr die Art ihrer Reaktionen, als vielmehr deren Intensität und deren Stellenwert im Leben der Überlebenden. Der Suizid hat weitreichende Auswirkungen auf das Leben der betroffenen Personen auf persönlicher, zwischenmenschlicher und sozialer Ebene. Studien und Beobachtungen seit 1970 kommen denn auch zum Schluss, dass die Reaktionen der Trauernden auf mehreren Ebenen je verschieden sind:[6]

Auf der emotionalen Ebene: Die Trauernden durchleben Gefühle wie Leid, Wut, Verlassenheit, Angst, Scham und Stimmungsschwankungen intensiver.[7] Das Selbstwertgefühl ist stark erschüttert. Heftige Schuld- und Angstgefühle und in vielen Fällen Suizidgedanken machen sich bemerkbar.

Auf der kognitiven Ebene: Die Zeit nach dem Suizid ist gekennzeichnet von einer drängenden und häufig schmerzlichen Sinnsuche. Einige Autoren[8] halten dies für das herausragende Merkmal von Trauer nach einem Suizid. Nicht zuletzt wird das (positive oder negative) Wertesystem durch einen Suizid stark infrage gestellt.

Auf der Verhaltensebene: Häufig zu beobachten sind veränderte Gewohnheiten, ein Rückzug auf sich selbst, um der angenommenen Verurteilung durch die anderen[9] zu entgehen, aber auch aggressive Verhaltensweisen oder Reaktionen sowie Suizidversuche.

Auf der Beziehungsebene: Da der Tod durch Suizid a priori keine gesellschaftlich akzeptierte Todesart ist, beeinflusst er die Beziehungen der unmittelbaren Bezugspersonen auf mehreren Ebenen: In der Familie kön-

---

5 In der nordamerikanischen Literatur werden die Trauernden nach Suizid oder Hinterbliebenen von Suizidtoten als survivors (Überlebende) bezeichnet. Damit soll die Tragweite der Folgen eines Todesfalls durch Suizid angedeutet werden.
6 M. Séguin u. a., Le deuil, 1999
7 S. Clark u. a., The impact of suicide on relatives and friends, 2000
8 R. Kouri, Survivre au suicide d'un membre de sa famille, 1990
9 M. Séguin u. a., Le deuil, 1999

nen Schweigen, unterschiedlicher Rhythmus und unterschiedliche Verarbeitung der Trauer das Zusammenleben, die Kommunikation und die gegenseitige Hilfe erschweren.[10] Ebenfalls zu beobachten sind Auswirkungen auf die Beziehungen der Familie zum näheren und ferneren Bekanntenkreis. Die Auswertung[11] mehrerer Studien über die soziale Wahrnehmung der Trauernden nach Suizid lässt erkennen, dass den Trauernden, insbesondere den Eltern junger Suizidenten, oft nicht viel Sympathie und Verständnis entgegengebracht wird.[12] Stigmatisierungen sind ebenfalls zu beobachten.

Die Reaktionen der Hinterbliebenen eines durch Suizid Verstorbenen hängen von einem ganzen Bündel von Faktoren ab; dazu gehören etwa:[13]
– Art und Intensität der Beziehung sowie der Verbundenheit mit der verstorbenen Person;
– materielle Umstände des Todes (mögliches Trauma);
– Plötzlichkeit und Gewaltsamkeit des Todes;
– Identitätsprofil und Persönlichkeitsdynamik des/der Überlebenden;
– Lebensumstände des/der Überlebenden (Verunsicherungs- und/oder Stressfaktoren vor dem Todesfall);
– Fähigkeit zur Entwicklung von Anpassungsstrategien in einem begrenzten raum-zeitlichen Kontext;
– Vorhandensein und Qualität der Unterstützung durch soziale Netze;
– Vorgeschichte des Suizidenten und der Familie in Sachen geistiger Gesundheit.

Neuere Studien unterstreichen die Bedeutung der persönlichen Geschichte (im Vordergrund stehen Bindungserlebnisse, vorzeitige Verluste und familiale Psychopathologie) und der sozialen Einbindung vor dem Suizid.[14] Das Erleben nach dem Suizid wäre demnach vom Erleben vor dem Suizid beeinflusst. Unter diesem Aspekt wäre also der Trauerprozess nicht als Übergangs- oder Krisenmodell, sondern eher als Verletzlichkeitsmodell zu begreifen. Der Begriff der Resilienz spielt eine zentrale Rolle im Prozess des Wiederaufbaus des Ich und des normalen Alltags

10 J. Rutgers, Le deuil à la suite d'un suicide, 1994
11 M. Séguin u. a., History of early loss among a group of suicide survivors, 1995; F. Gratton, Secret, deuil et suicide, 1999; R. Kouri, Survivre au suicide d'un membre de sa famille, 1990
12 R. Kouri, Survivre au suicide d'un membre de sa famille, 1990
13 M. Séguin u. a., Le deuil, 1999; M. Séguin u. a., Programmes de postvention 1999; M. Hanus, Les deuils dans la vie, 1994; E. Hopmeyer u. a., A comparative study of family bereavement groups, 1994; M. Séguin, Trajectoire de vie et résilience des personnes suicidaires, 2000
14 Ebd.

nach einem Suizid. Resilienz deckt ganz unterschiedliche Bereiche ab und bezieht sich auf die Fähigkeit des Individuums, konstruktiv und angemessen mit Schwierigkeiten umzugehen. Wünschenswert ist deshalb, dass der Trauerprozess biologische, psychologische und soziale Perspektiven einbezieht.

Ziele und Bereiche der Nachsorge

Die praktischen Ziele der Nachsorge sind vielfältig. Konsens besteht über die nachstehenden, allgemein bekannten und von Shneidman bereits 1973[15] formulierten Ziele:
– Aufkommen von Panikreaktionen verhindern;
– Beeinträchtigungen durch die Krise eindämmen;
– nachhaltige emotive Störungen verhüten;
– Rückkehr in die Alltagsaktivitäten fördern.
    Damit ist bereits angezeigt, dass Nachsorge auf verschiedenen Ebenen und in mehreren Bereichen intervenieren kann: auf individueller oder kollektiver Ebene; in so verschiedenen Bereichen wie Bildung (Schulen), Gesundheit (Spitäler), Soziales (Sozialdienste), Wirtschaft (Unternehmen). Welches Wissen und welche Techniken eingesetzt werden, hängt von den jeweiligen Umständen und Bedürfnissen ab.
    Im Rahmen dieser Ausführungen ist es nur möglich, kurz auf jene Bereiche und Aktivitäten einzugehen, in denen Nachsorge stark verbreitet ist:[16]
– Unterstützung und Begleitung von Trauernden nach Suizid
– Verarbeitung eines Suizids in Schulen

Unterstützung und Begleitung von Trauernden nach Suizid

Ziel ist es, die mit dem Suizid einer nahestehenden Person verbundenen Emotionen einzuordnen und aufzuarbeiten, zu lernen wirksame Anpassungsstrategien aufzubauen, vorhandene Ressourcen zu mobilisieren und sich dem Gespräch mit Drittpersonen über den Suizid zu stellen.
    Unter diese Kategorie fallen sämtliche Massnahmen auf individueller wie kollektiver Ebene, die sich an die von einem Suizid betroffenen Personen richten.
    Die individuelle Betreuung erfolgt meist durch entsprechend ausgebildete Fachleute in Form von psychotherapeutischen Sitzungen. Neben den

15 In: M. Séguin u. a., Programmes de postvention, 1999
16 Ebd.

an den gängigen Schulen (Psychoanalyse, Kognitivismus-Behaviorismus, systemische Therapie oder Gestalttherapie, Transaktionsanalyse) orientierten Verfahren kommen auch einige spezifischere Methoden zur Anwendung: narrative Metaphorik[17], Psycho-Edukation[18], «Systemic Belief Therapy»[19].

Die kollektive Begleitung erfolgt in Unterstützungs- oder Selbsthilfegruppen. Dabei werden in der Regel folgende Ziele anvisiert:
– Ausdruck von Schmerz und Gefühlen;
– Vergleich mit anderen: «Nicht nur ich habe dies durchgemacht.»; auf diesem Weg soll die betroffene Person entlastet und die gesellschaftliche Isolation teilweise durchbrochen werden;
– Austausch und Erlernen neuer Anpassungsstrategien;
– Mobilisierung und Aufbau von Ressourcen;
– Pflege und Aufbau neuer Beziehungsnetze sowie Überwindung der Isolation.

Unterstützungsgruppen werden von Fachleuten geleitet, während die meist auf Freiwilligenbasis funktionierenden Selbsthilfegruppen in der Regel von den Überlebenden selbst getragen werden.

Unterstützungsgruppen sind zeitlich begrenzt, in der Regel auf 6 bis 12 thematisch ausgerichtete Sitzungen (meist werden Aspekte des Trauerprozesses nach einem Suizid behandelt). Rhythmus der Sitzungen und Zahl der Teilnehmenden sind variabel; möglich sind offene oder geschlossene Gruppen. Zu geschlossenen Gruppen werden lediglich Personen zugelassen, die sich für den gesamten Sitzungsblock verpflichten. Wichtig ist, dass Gruppen dieser Art dem Rhythmus des Trauerprozesses (ein Begleitungsangebot einige Monate nach dem Todesfall erweist sich in der Regel als nützlicher) und den Lebensumständen und Reaktionen bestimmter Bevölkerungsgruppen (Kinder, Jugendliche, Betagte) Rechnung tragen[20]. Aufgrund ihrer fehlenden kognitiven Reife durchlaufen Kinder spezifische Trauerprozesse.[21]

Selbsthilfegruppen sind in der Regel offene Gruppen. Eine thematische Ausrichtung der Sitzungen ist möglich. In der Regel werden solche Gruppen von Personen geleitet und moderiert, die bereits einen Teil ihrer Trauerarbeit geleistet und im Wiederaufbau ihrer Identität ein Stück weiter sind. Die Rolle solcher erfahrenen Personen ist insofern wichtig, als sie

17 Herman, 1992, in: F. Gratton, Secret, deuil et suicide, 1999
18 Dunne, 1992, in: F. Gratton, Secret, deuil et suicide, 1999
19 Watson, 1993, in: F. Gratton, Secret, deuil et suicide, 1999
20 M. Séguin u. a., Programmes de postvention, 1999
21 Leenhardt, 1997, in: M. Séguin u. a., Programmes de postvention, 1999

den Erfahrungsaustausch unter Trauernden ermöglichen. Zudem treffen dort Trauernde, die erst vor kurzer Zeit mit einem Suizid konfrontiert worden sind, mit anderen, «älteren Überlebenden» zusammen, die zu Bezugspersonen werden können: «Das Weiterleben nach einem solchen Drama ist möglich.» Gemäss O'Connor suchen die nach einem Suizid Trauernden Hilfe bei Personen mit denselben Erfahrungen. Seiner Auffassung nach ist eine kollektive Begleitung im Trauerfall zudem angemessener als eine individuelle, erlaubt sie doch den Trauernden, ihre Trauer zu teilen und sich auszusprechen. Ausserdem geniessen solche Gruppen in der Bevölkerung in der Regel einen guten Ruf, was der Stigmatisierungsgefahr entgegenwirken kann.[22]

Welche Formen und Verfahren auch gewählt werden, stets hat sich die Begleitung Trauernder an den Bedürfnissen der Person und ihrem spezifischen Trauerprozess zu orientieren. Nicht ausgeklammert werden darf auch die Frage nach der «Normalität» der durchgemachten Trauerreaktionen. Begleitung heisst mithin, Räume und Verfahren anzubieten, in denen das mit dem Verlust verbundene Leid ausgedrückt werden darf. Das Angebot soll helfen, konstruktive Anpassungsstrategien zu entwickeln und den Aufbau bedeutsamer sozialer Kontakte und Beziehungen zu fördern.

Verarbeitung eines Suizids in Schulen

Der Suizid eines Schülers, einer Schülerin löst bei allen, die – in welcher Funktion auch immer – mit der Schule zu tun haben, viele Fragen und starke Verunsicherung aus. Die vom Todesfall am stärksten Betroffenen werden Angst, Wut, Ohnmacht und Verstörung empfinden.

Die Nachsorge in der Schule umfasst ein ganzes Set von Massnahmen. Sie sollen helfen, den Suizid zu verarbeiten und die vom Ereignis Betroffenen zu unterstützen. Wichtig ist es, zu unterscheiden zwischen Personen, die trauern und folglich am Anfang eines Trauerprozesses stehen, und Personen, die durch das Ereignis zwar momentan erschüttert sind und unter Schock stehen, sich aber nicht zwangsläufig als Trauernde verstehen, weil auf Grund ihrer Beziehung zum Suizidenten keinerlei Verlustgefühle aufkommen.

Die Nachsorge in Schulen hat mehrere Ziele[23] und sieht deshalb eine ganze Reihe von Interventionsverfahren und -ebenen vor. Angeboten wird Folgendes:

---

22 1992, in: M. Séguin u. a., Programmes de postvention, 1999
23 M. Séguin u. a., Programmes de postvention, 1999

- *Reduktion* des Traumas der vom Ereignis emotional stark Betroffenen sowie Stressabbau. Zur Anwendung kommen meist Debriefing- und Defusingtechniken. Wichtig ist ein abwägender und nuancierter Diskurs über den suizidalen Prozess sowie über Risikofaktoren und normale Reaktionen auf einen Suizid.
- *Erkennen* von Kindern und Jugendlichen, die gefährdet sind (anhand von Lebensumständen und psychologischem Profil) oder die sich in einer akuten Krise befinden (Anzeichen von Verzweiflung und Labilität). Je nach Situation ist Krisenintervention angezeigt.
- *Vorbereitung und Einleitung* geeigneter Interventionen für die Trauernden (Angehörige und Bekannte) wie für die direkt mit dem Opfer Konfrontierten.

Stressabbau

Debriefing ist die am häufigsten eingesetzte Technik. Etappen und Inhalt dieser Technik stellt Jacqueline Rutgers in ihrem Aufsatz vor. [24] An dieser Stelle sei einzig vermerkt, dass es sich in der Regel um ein Gruppengespräch in mehreren Schritten handelt. Dabei geht es darum, den Stress auf ein Vorkrisen-Stadium abzubauen, also auf das Stressniveau vor dem traumatisierenden Ereignis oder darunter. Wesentlich ist die Unterscheidung zwischen akutem Stress (bis vier Wochen nach dem Ereignis) und posttraumatischem Stress (nach Monatsfrist: Panikausbrüche, bedrängende, obsessive Bilder, Bedürfnis, alles zu vermeiden, was an das traumatische Ereignis erinnert).

Die Wirksamkeit des Debriefing ist noch nicht schlüssig nachgewiesen: Markante Unterschiede zwischen Gruppen mit und ohne Debriefing sind einigen Studien zufolge nicht erkennbar. Den Nachweis wiederum, die Methode sei ineffizient, hat bislang auch noch keine Studie erbracht. [25] Erwähnt wird hingegen das Risiko der Stresserhöhung bei zuvor lediglich durchschnittlich gestressten Menschen. Leenaars und Wenckstern[26] befürworten deshalb das Debriefing nur für Schüler und Schülerinnen, die sich vom Tod eines ihrer Mitschüler unmittelbar betroffen fühlen. Ein gewisser Konsens scheint darüber zu bestehen, dass das Debriefing in der Nachsorge nicht mehr als einen Schritt unter anderen darstellt und an Interventionen anderen Typus gekoppelt sein müsste.

---

24 Vgl. Seiten 162–164 in diesem Band (Anm. der Herausgeber)
25 Deahl u. a., 1994; Bisson u. a., 1994, in: M. Séguin u. a., Programmes de postvention, 1999
26 1998, in: M. Séguin u. a., Programmes de postvention, 1999

Im Suizidzusammenhang ist die Kommunikation auf institutioneller wie individueller Ebene ein wichtiges Element der nachbereitenden Massnahmen und hilft, wenn richtig gehandhabt, den anfänglichen Stress abzubauen, und zwar dank der durch Kommunikation ermöglichten kognitiven Neuorientierung (auch Neukalibrierung genannt). Es geht darum, die suizidale Tat nicht zu mystifizieren, auf die Probleme hinzuweisen, mit denen der Schüler/die Schülerin zu kämpfen hatte, und zu betonen, dass möglicherweise psychische Probleme suizidauslösend waren. Keinesfalls darf der Suizid als legitime Lösung für ein anstehendes Problem dargestellt werden. Hinweise auf die Todesumstände (Mittel, Ablauf) werden mit Vorteil vermieden. Die verschiedenen Gruppen – Lernende, Lehrpersonen, Eltern, Verwaltungspersonal – sind angemessen und differenziert zu informieren.

Erkennen von gefährdeten oder suizidalen Kindern und Jugendlichen

Ist die innere oder äussere Realität eines Menschen erschüttert, versucht er in der Regel, das verlorene Gleichgewicht mit Hilfe von Anpassungsstrategien wiederzuerlangen, deren Effizienz sich schon zuvor erwiesen hatte. Tritt das erwartete Resultat nicht ein, gerät er in eine Krisensituation, fühlt sich von den Ereignissen und Emotionen überfordert und ihnen hilflos ausgeliefert. Die Krise ist in der Regel eine durch ein spezifisches Ereignis[27] ausgelöste Periode der Spannung und Orientierungslosigkeit, ein Bruch im Gleichgewicht zwischen dem Individuum und seiner Umgebung.

Der Suizid eines Kollegen, einer Kollegin kann bei Jugendlichen dann eine Krise auslösen, wenn bereits zuvor Anzeichen punktueller Labilität (Beziehungsabbruch, Umzug usw.) oder permanenter Verletzlichkeit (psychische Störungen, Missbrauch legaler oder illegaler Drogen, sexueller Missbrauch) vorliegen. Besonders stark wirkt sich der Suizid auf jene Jugendlichen aus, für die der Verstorbene eine Identifikationsfigur oder ein Vorbild war, aber auch auf Menschen, die erst kurz zuvor eine ihnen nahestehende Person – vorab durch Suizid – verloren haben –, sowie auf Personen, die sich selbst als suizidgefährdet einstufen.[28] Als Risikopersonen gelten nach Catone und Schatz[29] die in einem Abschiedsbrief oder einer Vereinbarung erwähnten Angehörigen, Freunde und Mitschüler,

---

27 Bordow u. a., 1979, in: M. Séguin u. a., Programmes de postvention, 1999
28 Document de la Direction de la Santé publique Gaspésie–Iles-de-la-Madeleine, 1999
29 W. V. Catone u. a., The Crisis Moment, 1991

jene, die mit dem Verstorbenen in einer Konfliktsituation standen, jene, die ahnten, was geschehen würde.

Die von Brent in Zusammenarbeit mit verschiedenen Autoren durchgeführten Untersuchungen[30] kommen zum Schluss, «Ansteckungsgefahr» liege weniger auf der Ebene der Tatnachahmung vor, vielmehr bestehe ein Zusammenhang mit depressiven Zuständen, die der Suizid bei bereits labilen Jugendlichen auslösen könne. Als Risikofaktor gilt ausserdem die Intensität der Bindung oder Freundschaft zwischen dem Verstorbenen und dem jungen Überlebenden.

Ist die Gefährdung eines Jugendlichen erkannt, drängt sich eine Krisenintervention auf. Das ist immer dann der Fall, wenn die Gefährdung als akut eingestuft wird, also befürchtet werden muss, dass die betreffende Person innert 48 Stunden zur Tat schreiten könnte. Nur wenn das Verhalten von Kindern und Jugendlichen aufmerksam beobachtet wird und sie, nötigenfalls, auf ihr seelisches Erleben und ihre Schwierigkeiten angesprochen werden, kann eine solche Gefährdung erkannt werden. Abzuklären ist, ob Suizidabsichten bestehen und ein Szenario zur Umsetzung des Vorhabens besteht. Akute Gefährdung liegt dann vor, wenn die Planung des Suizids klar und präzis, das Mittel gewählt und verfügbar ist und Vorbereitungen im Gang sind. Werden Hilfsangebote abgelehnt und «gute Sterbensgründe» vorgebracht, sind das ebenfalls Anhaltspunkte für ein hohes Risiko. Dann ist der suizidale Prozess eingeleitet und der Suizid erscheint als einzig möglicher Ausweg aus einer unerträglich gewordenen Leidenssituation. Typisch für die so genannte Kristallisationsphase, die letzte Phase des suizidalen Prozesses vor dessen Durchführung, sind ganz konkrete und bedrängende Suizidgedanken samt Vorbereitung des Vorhabens.[31] In einem solchen Fall ist unverzüglich einzugreifen und die betreffende Person an Fachleute zu verweisen.

Das Protokoll der Suizidaufarbeitung in Schulen

Die aufgezählten Ziele und Bereiche der Nachsorge sollten in ein vorgängig erarbeitetes Protokoll der Suizidaufarbeitung einfliessen und in diesem Rahmen strukturiert werden. In Notlagen ist es nämlich schwierig, ein Protokoll zu erarbeiten, das sämtliche Aspekte einbezieht. Noch

---

30 D. Brent u. a., Adolescent witnesses to a peer suicide, 1993; Psychiatric sequelae to the loss of an adolescent peer to suicide, 1993; Bereavement or depression?, 1993; Major depression or uncomplicated bereavement?, 1994; Posttraumatic stress disorder in peers of adolescent suicide victims, 1995; Long-term impact of exposure to suicide, 1996
31 Association québécoise de suicidologie / Assemblée des évêques du Québec, 1999
32 C. Gravel, Programme de postvention en milieu scolaire, 1999; Direction de la Santé publique Gaspésie–Iles-de-la-Madeleine, Crise suicidaire, 1999

schwieriger ist es, eine funktionierende Zusammenarbeit auf die Beine zu stellen. Ein Protokoll sollte die folgenden Aspekte enthalten:[32]
– Definition und Abgrenzung von Zielen und Zwecken. Beispielsweise: eine schnelle und angemessene Antwort anbieten; die Krise entschärfen;
– Ausarbeitung eines Interventionsablaufs: Chronologie der verschiedenen Interventionen (am Tag des Suizids, in den Tagen danach), Zuteilung von Aufgaben und Verantwortlichkeiten (verschiedene Bereiche und Ebenen), Typen und Modalitäten der Intervention;
– Bildung eines internen multidisziplinären Interventions-Teams, das auf externe Partner zurückgreifen kann (unterstützende Personen oder Instanzen). Der Auftrag des Teams und seine Kompetenzen sowie die Rolle seiner Mitglieder müssen klar definiert sein und auf Konsens beruhen. Es geht darum, im Voraus festzulegen, wer was mit wem und in wessen Namen für wen tut, mit welchen Mitteln (Interventionstypen und -techniken) und zu welchem Zeitpunkt;
– Auflistung der Personen und materiellen Ressourcen, die in einer Krisensituation mobilisiert werden können. Es ist wichtig zu wissen, wer welche Kompetenzen hat und an wen man sich in einer bestimmten Frage wenden kann;
– Umgang mit Informationen über den Suizid inner- und ausserhalb der Schule.

Ebenfalls nützlich wäre die Erarbeitung eines Protokolls für die Zeit unmittelbar nach dem Suizidereignis sowie eines Nachsorgeprotokolls mit mittel- oder sogar langfristigen Dispositiven und Massnahmen.

Schluss

Aus diesem kurzen Überblick über nachbereitende Massnahmen geht hervor, dass «Postvention» den persönlichen oder institutionellen Rahmen wie auch das blosse (kurzfristige) Reagieren auf Ereignisse weit übersteigt. Nachsorge hat auf ganz unterschiedlichen Ebenen und in ganz verschiedenen Bereichen zu geschehen und muss, soll sie präventiv wirken, über eine genügende Zeitspanne hinweg zum Tragen kommen. Deshalb muss sie organisch und ganzheitlich angegangen werden und – auf den unterschiedlichen Stufen und in sämtlichen Bereichen – auf die Unterstützung aller implizierten Berufsgruppen und aller vom Suizid einer Drittperson Betroffenen bauen können. Nachsorge wird ihr Ziel nur dann erreichen können, wenn Zusammenarbeit und Intervention vernetzt geschehen und jeder und jede einen wichtigen, vordergründig vielleicht nur bescheidenen Beitrag zum gemeinsamen Werk leistet: der Bewahrung des Lebens.

Bibliographie

Association québécoise de suicidologie / Assemblée des évêques du Québec: Un sentier d'espoir, Guide d'accompagnement en prévention du suicide pour les personnes engagées dans l'Eglise, Montréal 1999

Brent, D. A. u. a.: Psychiatric sequelae to the loss of an adolescent peer to suicide, in: Journal of the American Academy of Child and Adolescent Psychiatry, 32, 3, 509–517, 1993

Brent, D. A. u. a.: Adolescent witnesses to a peer suicide, in: Journal of the American Academy of Child and Adolescent Psychiatry, 32, 6, 1184–1188, 1993

Brent, D. A. u. a.: Bereavement or depression? The impact of the loss of a friend to suicide, in: Journal of the American Academy of Child and Adolescent Psychiatry, 32, 6, 1189–1197, 1993

Brent, D. A. u. a.: Major depression or uncomplicated bereavement? A follow-up of youth exposed to suicide, in: Journal of the American Academy of Child and Adolescent Psychiatry, 33, 2, 231–239, 1994

Brent, D. A. u. a.: Posttraumatic stress disorder in peers of adolescent suicide victims: Predisposing factors and phenomenology, in: Journal of the American Academy of Child and Adolescent Psychiatry, 34, 2, 209–215, 1995

Brent, D. A. u. a.: Long-term impact of exposure to suicide: A three-year controlled follow-up, in: Journal of the American Academy of Child and Adolescent Psychiatry, 35, 5, 646–653, 1996

Catone, W. V. u. a..: The Crisis Moment: A school response to the event of suicide, in: School Psychology International, 12, 1–2, 17–23, 1991

Clark, S. E. u. a.: The impact of suicide on relatives and friends, in: Hawton K. u. a. (Hg.): The International Handbook of Suicide and Attempted Suicide, John Wiley and Sons, Chichester, 467–484, 2000

Clark, S. E. u. a.: Grief reactions and recovery in a support group for people bereaved by suicide, in: Crisis, 16, 1, 27–33, 1995

Direction de la Santé publique Gaspésie–Iles-de-la-Madeleine / Cegep de la Gaspésie et des Iles: Crise suicidaire, tentative de suicide et suicide. Quoi faire au Cegep?, Guide destiné aux membres de l'équipe d'intervention-suicide, 1999

Gratton, F.: Secret, deuil et suicide: Recension d'écrits, Rapport pour le conseil de la recherche sociale, Ronéo, 1999

Gravel, C.: Programme de postvention en milieu scolaire, Intervenir à la suite d'un suicide,

Centre de prévention du suicide 02, Chicoutimi 1999

Hanus, M.: Les deuils dans la vie, Deuils et séparations chez l'adulte, chez l'enfant, Maloine, Paris 1994

Hopmeyer, E. u. a.: A comparative study of family bereavement groups, in: Death Studies, 18, 3, 243–256, 1994

Kouri, R.: Survivre au suicide d'un membre de sa famille, Une recension des écrits, Université de Laval, Sainte Foy, Ronéo, 1990

Rutgers, J.: Le deuil à la suite d'un suicide, in: Dejardin, D. u. a.: Le Suicide, Presses Bibliques Universitaires, 63–93, 1994

Séguin, M.: Trajectoire de vie et résilience des personnes suicidaires, Frontières, 12, 1, 11–16, 2000

Séguin, M. u. a.: Le deuil, une souffrance à comprendre pour mieux intervenir, Les Editions Logiques, Outremont, QC, 1999

Séguin, M. u. a.: Programmes de postvention, Le point sur les modèles de postvention, Ronéo, 1999

Séguin, M. u. a.: History of early loss among a group of suicide survivors, in: Crisis, 16, 3, 121–125, 1995

Jacqueline Rutgers-Cardis

Nachsorge – drei Modalitäten der Verarbeitung eines Suizidtraumas in Gruppen

Mein Beitrag befasst sich mit drei Modalitäten von Interventionen, wie sie nach einem Suizidereignis zur Anwendung kommen können. Vorgestellt wird zuerst das Debriefing. Hierbei handelt es sich um eine kurzfristige Intervention, die im weiteren Umfeld des Suizidenten am häufigsten zur Anwendung kommt. Anschliessend werden zwei Arten von mittel- und langfristigen Interventionen präsentiert, die sich vornehmlich an nahe Angehörige und Freunde richten: Selbsthilfegruppen und Kunsttherapie-Ateliers für Gruppen, die als Unterstützungsgruppen funktionieren.

Einleitung: das Spezifische der Trauer nach Suizid

Als Erstes sei daran erinnert, dass der plötzliche und unerwartete Tod – vorab durch Suizid – einer nahe stehenden Person ein höchst traumatisches Ereignis ist. Untersuchungen gehen davon aus, dass ein solcher Tod in mehr als 14 % der Fälle posttraumatische Belastungsstörungen (posttraumatic stress disorder = PTSD) hervorruft.

Die Plötzlichkeit des Todes setzt den gesamten Organismus unter intensiven Stress, was wiederum einen Schock auslöst. Stresssymptome sind:
– ein Zustand somatischer Übererregtheit, eine Art Stupor und Abgestumpftheit, also ein dissoziatives Phänomen, das ein nur automatisches Funktionieren erlaubt und vom Gefühl der Unwirklichkeit begleitet ist. Die Betroffenen fühlen sich wie im Isolationszelt von der Welt abgeschnitten, sie leiden unter der Wiederkehr der Bilder des Dramas, unter Konzentrationsschwierigkeiten, Momenten geistiger Verwirrung und Orientierungslosigkeit, was den Eindruck vermittelt, man verliere den Verstand, sowie unter der Angst vor dem Verlust der Selbstkontrolle. Kennzeichnend für den Zustand sind ferner Anstrengungen, so zu tun «als wäre nichts passiert», und Vermeidungsstrategien. Das alles sind akute Reaktionen des Nervensystems auf Stress.
– Hinzu kommen häufig Halluzinationen am Tag und Albträume in der Nacht, sowie körperliche Reaktionen: Müdigkeit, Erschöpfung, Anfälligkeit für Krankheiten und Unfälle, Übelkeit, Schlaf- und Essstörungen, Magenkrämpfe, Angstschweiss usw., aber auch Verhaltensreaktio-

nen: Ambivalenz in den Beziehungen, Panikattacken, irrationale Wutanfälle, Neigung zum Rückzug auf sich selbst, verbunden mit Verlassenheitsgefühlen, Todessehnsüchten und zuweilen Suizidgedanken.

Diese Symptome treten in den Tagen und Wochen nach dem Ereignis auf und sind als physiologisches Echo auf den Schock zu verstehen. Es handelt sich um normale Reaktionen auf ein ausserordentliches, höchst verhängnisvolles Ereignis. Darauf folgt normalerweise die Periode des Erwachens aus Erstarrung und des Gefühlschaos: tiefes, unsagbares Leid, das häufig unausgedrückt bleibt, unerträgliches Ohnmachtsgefühl, verbunden mit einer im Stillen kochenden Wut, häufig auch mit Schamgefühlen und Gewissensbissen.

Dauern diese Symptome länger als vier bis sechs Wochen, handelt es sich um posttraumatische Belastungsstörungen (PTSD), deren Prävalenz in der Gesamtbevölkerung auf 10 % geschätzt wird. Ohne angemessene Behandlung besteht die Gefahr, dass das schmerzliche Erleben, das den Alltag und die zwischenmenschlichen Beziehungen ernsthaft beeinträchtigt, chronisch wird. Häufige Begleiterscheinungen sind Depression und Abhängigkeit.

Als Intervention zur PTSD-Prävention ist das so genannte psychologische Debriefing wirksam. Dieses sollte aber Teil einer umfassenden Begleitung sein, die auch eine sorgfältige Nachbetreuung der Risikopersonen einschliesst.

Debriefing

Debriefing ist ein Verfahren, das sich an eine Gruppe von Personen richtet, die alle dasselbe traumatische Ereignis erlebt haben. Ziel ist es, Stressfolgen nach einem Trauma vorzubeugen. Das Debriefing-Verfahren verläuft in acht Schritten:

Einleitung

Die Moderatoren und Moderatorinnen stellen sich der Gruppe vor (z. B. die Schulkrankenschwester und eine externe Fachperson stellen sich in Gegenwart des Klassenlehrers einer Klasse vor, in der ein Schüler Suizid begangen hat); sie erklären Gründe und Ziele des Verfahrens und legen dann die Regeln fest: Nur im eigenen Namen sprechen, keine Schuldigen suchen, keine Vorwürfe artikulieren, Vertraulichkeit respektieren und während der ganzen Sitzung im Zimmer verbleiben.

Darstellung der Fakten

Ziel ist es, das kognitive Gedächtnis zu aktivieren, gemeinsam und solidarisch einen kohärenten Bericht zu erstellen; dieser Bericht bildet den soliden und geeigneten Rahmen, um die Emotionen aufzufangen und zu fassen. Die Person, die das Debriefing vornimmt, bittet um eine präzise und detaillierte Beschreibung des Geschehenen, aber auch der Art und Weise, wie die Neuigkeit bekannt geworden ist; jeder und jede sagt, was er/sie gesehen und gehört hat. Daraus wird dann sozusagen ein «präziser Film» erstellt.

Überlegungen

Anschliessend wird danach gefragt, welche Gedanken den Teilnehmenden durch den Kopf gingen, als sie die Nachricht hörten; diese Etappe der persönlichen Erinnerung kann schmerzlich sein.

Emotionen

Auf die Frage «Was war das Schwierigste, das Schlimmste für Sie?» versuchen die Teilnehmenden, ihre damaligen Gefühle zu beschreiben; ausgehend von körperlichen Reaktionen, geht es darum, das Gefühlte in angemessene Worte zu kleiden. So werden die Emotionen zwischen Körper und Sprache verortet. In dieser Situation kommen Orientierungslosigkeit, Ohnmacht, Wut, Verzweiflung, Verlust-, Scham- und Schuldgefühle am häufigsten zum Ausdruck.

Suche nach subjektiven Reaktionen

Die Teilnehmenden beschreiben, was sie an sich selbst beobachtet haben, und der Moderator zentriert die Aufmerksamkeit erneut auf die bereits erwähnten objektiven Momente, indem er eine Kausalität zwischen bestimmten Reaktionen und dem erlebten Drama herstellt.

Hinweise und Informationen

Der Moderator gibt eine systematische Darstellung sämtlicher Symptome, wobei er unterstreicht, dass es sich um normale Reaktionen auf einen anormalen und traumatischen Stress handelt; er erteilt einige Gesundheitsratschläge und weist darauf hin, dass es an jedem und jeder selbst liegt, diese zu befolgen und so in den Alltag zurückzufinden. Zum Abschluss dieser Sequenz wird danach gesucht, ob es bei aller Tragödie auch positive Elemente gibt. Um den Endpunkt zu markieren, wird gemeinsam ein Ritual ausgedacht und versucht, dem Ereignis einen Sinn zu geben (z. B. Schreiben eines Gedenkbriefes).

Rückkehr in den Alltag

Eine Zusammenfassung des Gesagten, eine Antwort auf die zuletzt aufgetauchten Fragen und eine Einschätzung dessen, was jeder und jede über sich selbst gelernt hat, erleichtern die Rückkehr in die Normalität. Die Krankenschwester oder eine andere Bezugsperson der Gruppe teilt mit, dass sie für individuelle Gespräche zur Verfügung steht.

Post-Debriefing

Vier bis sechs Wochen später treffen sich dieselben Personen zu einem Austausch über das zwischenzeitlich Erlebte und die eventuell aufgetretenen Schwierigkeiten.

Persönlich konnte ich das Debriefing-Verfahren mit einer Familie durchführen, die einige Wochen zuvor ein Kind an den Folgen eines stark an einen Suizid gemahnenden Unfalls verloren hatte. Es trug zur Klärung der Kommunikation bei und bewirkte, dass sich jedes einzelne Familienmitglied dem Drama gegenüber besser zu situieren vermochte.

Mittel- und langfristige Interventionen

Für die Personen im nächsten Umfeld eines Suizidenten genügt diese kurzfristige Intervention nicht. Auf Grund der Tabuisierung des Suizids scheitert die Kommunikation häufig am Ungesagten und bleibt in Halbwahrheiten stecken. Diese bedrückende Situation verunmöglicht den normalen Fortgang der Trauerarbeit. Isolation droht. Die Zeit unmittelbar nach dem Suizid erfährt jede Person, die dem Suizidenten nahe gestanden ist, als Zeit der Einsamkeit. Um das Wagnis der Auseinandersetzung mit der Wahrheit eingehen zu können, müssen die Trauernden begreifen können. Orientierungshilfen im Umgang mit dem eigenen Erleben dieses

Trauerfalls wirken stabilisierend. Für Trauernde ist es nützlich zu wissen, dass:
- der Eindruck von Unwirklichkeit ein Schutzmechanismus des vom Trauma schwer mitgenommenen Körpers ist und dass dieser Schutzmechanismus auch eine starke Müdigkeit und ein Ruhebedürfnis auslöst;
- Leugnung und Protest genauso normal sind wie die oben beschriebenen PTSD-Symptome und der allmählich aufkommende Schmerz; dass man nicht verrückt wird, dass der Schmerz mit der Zeit abnimmt und man ein gewisses Mass an Selbstkontrolle über das eigene Leben zurückerlangen wird;
- es legitim ist, seine Gefühle zu zeigen und um Trost und Unterstützung nachzusuchen;
- ein Rückzug zuweilen notwendig, eine anhaltende Isolation indes gefährlich ist;
- es normal ist, die Ursachen des Dramas begreifen zu wollen, doch dass es, da es nie eine schlüssige und gewisse Erklärung geben wird, letztlich besser ist, die Frage nach dem «Warum» aufzugeben und sich darauf zu konzentrieren, dem eigenen Erleben einen Sinn zu geben.

Die meisten «Überlebenden» – so werden die Trauernden nach Suizid in der Suizidologie genannt – brauchen Begleitung. Eine Möglichkeit dafür bietet der regelmässige Besuch einer Selbsthilfegruppe, etwa der schweizerischen Selbsthilfeorganisation für trauernde Eltern REGENBOGEN SCHWEIZ, und/oder eines Kunsttherapie-Ateliers. Solche Ateliers konnte ich gemeinsam mit der Kunsttherapeutin Violaine Knecht Favrod in Zusammenarbeit mit dem Schweizer Ableger der Vereinigung «Vivre son deuil» im Sommer 2000 gründen. Es hat sich gezeigt, dass die Kunsttherapie für die Begleitung von Trauerprozessen dieser Art ganz besonders geeignet ist.

Selbsthilfegruppen

Seit 1984 gibt es in Zürich und seit 1987 auch in Bern Selbsthilfe- und Aussprachegruppen für trauernde Eltern. Seit 1989 sind sie der von uns gegründeten Selbsthilfeorganisation für trauernde Eltern REGENBOGEN SCHWEIZ angeschlossen. Mein Mann und ich haben in Zürich mehr als hundert Gruppentreffen geleitet.

Die *Grundsätze* solcher Gruppen hat mein Mann wie folgt zusammengefasst:
- Seinsbereich: Die eigenen Gefühle ausdrücken und vorurteilslos verstanden werden schafft Selbstvertrauen, gepaart mit Empathie bewirkt es Dankbarkeit und Hoffnung.

– Handlungsbereich: Anderen helfen erweitert Kompetenzen, verleiht Sicherheit und Energie, wirkt sinnstiftend.

Bei der Gründung liessen wir uns von der Solidaritätsbewegung *«Les Amis Compatissants»* im Québec, einem Ableger der angelsächsischen *«Compassionate Friends»* inspirieren. Nachstehend einige der Leitlinien, an denen sich ihre Praxis orientiert: Das Besondere am Tod eines jeden Kindes in seiner ganzen Tragweite erfassen und den Ausdruck sämtlicher Dimensionen der Trauer zulassen; helfen, die Trauer begrifflich zu fassen und gelebte Trauer zuzulassen; mit Empathie zuhören und miteinander Erfahrungen austauschen, insbesondere jene, die in der Regel vom sozialen Umfeld nicht akzeptiert werden; vorwegnehmend schwierige Situationen ansprechen und sie mit Alternativangeboten entschärfen; die Hoffnung auf eine Verbesserung der Lebenssituation unterstützen; Erfahrungen darüber austauschen, wie die zerstörerische Energie in positive Vorhaben und in konkrete Handlungen umgewandelt werden kann, die das Andenken an das verstorbene Kind ehren und lebenszugewandt sind.

Im Sinne einer vertrauens- und solidaritätsbildenden Massnahme haben wir eine *Charta* verfasst. Sie präzisiert die Zielsetzungen unserer Zusammenkünfte und die dort geltenden Regeln, legt aber auch fest, welche Einstellung wir im gegenseitigen Umgang fördern wollen: geduldiges und vorurteilsloses Zuhören, Vertraulichkeit, gegenseitigen Respekt, keine Vergleiche und Ratschläge.

In den *monatlichen Sitzungen* berichten die Teilnehmenden über ihre Erlebnisse. Als Ausgangspunkt dient ein zuvor gewähltes und kurz präsentiertes Thema. Nach unserer Erfahrung verleiht diese Art der Gruppenbegleitung ein Gefühl der Geborgenheit und verhindert, dass sich das Gespräch im Kreis dreht. Wird die Diskussion nicht strukturiert, besteht die Gefahr einer Dynamik des Klagens, was wiederum eine Verstärkung des Opferstatus zur Folge hat und die Gruppe in kollektive Depressionen verfallen lässt. (Vorrang hat indes ein zu Beginn des Treffens formuliertes, drängendes Problem.)

Hier nun eine Liste möglicher Gesprächsthemen:
– Etappen der Trauer,
– Umgang mit Zorn,
– Hilfsangebote,
– objektive Fehler und Schuldgefühle,
– Depression und Suizidalität,
– Persönlichkeit unserer verstorbenen Kinder,
– Hilfe für Geschwister,
– Trauer der Väter, Trauer der Mütter,

- Trauer und Partnerschaft,
- Trauer, Glaube und Überzeugungen,
- Umgang mit Feiertagen,
- Beziehungen zum sozialen Umfeld,
- Stärkung der Resilienz[1]
- Loslassen, Abstandnahme,
- neue Zielsetzungen.

Wir fördern auch Kontakte ausserhalb der Sitzungen. Zu diesem Zweck halten wir eine Adressliste mit den Vornamen aller Familienmitglieder à jour; vermerkt sind auch Geburts- und Todestag des verstorbenen Kindes, was es den Teilnehmenden erleichtert, an Namens- oder Geburtstagen, die häufig als schwierige Momente erlebt werden, ein kleines Zeichen zu setzen.

Möglich sind auch gemeinsame meditative Tänze oder nonverbale Aktivitäten wie Malen, Modellieren oder sogar das Gestalten einer «lebenden Skulptur».

Jedes Frühjahr organisiert ein Gruppenmitglied einen Ausflug, was den zwischenmenschlichen Beziehungen zusätzliche Impulse verleiht.

Die Regenbogen-Gruppen sind offen (man kann frei eintreten, teilnehmen und nach Belieben wieder austreten), unentgeltlich (ein «Kässeli» zur Deckung der Kosten) und werden von ehemaligen Mitgliedern auf Freiwilligenbasis moderiert.

Auf Grund der gemachten Erfahrungen werden inzwischen *Weiterbildungstage* für Leute organisiert, die Gruppensitzungen moderieren wollen. Wer diese Funktion ausüben will, muss über eine gewisse Distanz zur eigenen Trauer und über ein ausgewiesenes Know-how verfügen. Das gilt in ganz besonderem Mass für Gruppen, in denen sich Trauernde nach Suizid treffen, denn es können heftige Spannungen auftreten: Kurz nach dem Trauerfall sind die Betroffenen höchst verletzlich, und Konflikte mit ihnen können völlig unvermutet ausbrechen.

Verantwortung für die Gruppenleitung oder andere für das reibungslose Funktionieren der Gruppe nötige Aufgaben zu übernehmen (Sekretariat, Begrüssung neuer Gruppenmitglieder, Reservation von Räumlichkeiten) bedeutet, gegen das in der Trauer äusserst lähmende Ohnmachtsgefühl anzukämpfen. Wer seine Kompetenzen im wohlwollenden Klima einer Selbsthilfegruppe mobilisiert, stärkt die Resilienz und entdeckt allmählich, dass es möglich ist, einen Ausweg aus der Opfersituation zu finden, in die man durch das Suiziddrama geraten ist.

---

1 Als Resilienz wird in der psychologischen Forschung die psychische und physische Stärke bezeichnet, die es Menschen ermöglicht, Lebenskrisen und schwere Krankheiten ohne längerfristige Beeinträchtigungen zu meistern (Anm. der Übersetzerin).

Zahlreiche Mütter und Väter und auch einige Geschwister haben in unseren Gruppen Solidarität und Trost erfahren dürfen. Freundschaft und Verständnis halfen ihnen, Selbstvertrauen zurückzugewinnen, das eigene Schicksal wieder in die Hand zu nehmen und ihrem Leben einen neuen Sinn zu verleihen.

Kunsttherapie-Ateliers

Kunsttherapie-Ateliers bieten einer kleinen Gruppe von Personen die Möglichkeit, im Einklang mit den eigenen Bedürfnissen und dem eigenen Rhythmus, sich intensiver mit dem Suizidgeschehen auseinander zu setzen.

Nach einem Moment des Entspannens werden die Teilnehmenden eingeladen, sich von ihrem Intellekt zu «lösen» und mit verschiedenen Materialien zu spielen: Ihre Neugier wird durch die Vielfalt der zur Verfügung stehenden Materialien geweckt.

Die Kunsttherapie ist eine Art analoger Sprache, mit deren Hilfe eine noch nicht gänzlich ins Bewusstsein vorgedrungene Emotion oder Intuition ausgelotet werden kann. Während eines «Testlaufs» für die Gruppenarbeit in den Ateliers wurden die Teilnehmenden beispielsweise aufgefordert, sich selbst auf dem Weg der Trauer darzustellen. Ich machte dabei folgende Erfahrung: In symbolischer Weise stellte ich dar, wo ich mich auf meinem Weg befand und was mir geholfen hatte. Ich gestaltete eine tanzende Figur – der Tanz hatte mir sehr geholfen. Der als aufsteigende Spirale geformte Draht stellt die Befreiungsdynamik dar, auf die sich die in einer Gipsbinde gefangene Figur eingelassen hat. Bei dieser kreativen Arbeit machte ich die Erfahrung, dass das Objekt der Statik wegen eine solide Basis braucht; anhand dieses Vorgangs wurde mir klar, dass wir zur Strukturierung unserer Ateliers eine solide theoretische Basis benötigen.

Rahmen und Kontext des schöpferischen Aktes bieten den Raum, Belastendes symbolisch abzulegen, die den Geist bedrängenden Gedanken aus sich auszulagern. In der ersten Trauerphase – sie ist von Auflösungstendenzen gekennzeichnet – nehmen die Überlebenden die Realität nicht richtig wahr; alles wird in ihrem Bewusstsein verschwommen und vage. Den Ort des Dramas darstellen, indem man ein immer wieder auftauchendes schmerzliches Bild gestaltet, kann als eine Art «Exorzismus» wirken, der von der obsessiven Wiederkehr der inneren Bilder zu befreien vermag. In Gesprächsgruppen hingegen ist häufig zu beobachten, dass in jeder Sitzung immer wieder das Bedürfnis aufkommt, das Geschehene in allen Einzelheiten wiederholt zu erzählen.

Der Umgang mit Materialien leitet eine Distanznahme ein, die es ermöglicht, die schmerzlichen Affekte offen zu legen und sich zugleich vor ihnen zu schützen. Dazu ein Beispiel: Vom kurz zuvor erfolgten Suizid-tod ihres Sohnes noch völlig besetzt, konnte eine Teilnehmerin ihrer Ver-störung weder plastisch noch in Worten Ausdruck verleihen. Unbeteiligt liess sie ihre Hände ein Stück Tonerde kneten; beim Anblick der so ent-standenen Figur meinte sie: «Eine etwas traurige alte Frau, alles ist schlaff, so ziemlich ich.»

Auf diese Weise entsteht zwischen dem Schöpfenden und dem im Wer-den begriffenen Werk ein innerer Dialog – Widerspiegelung der Suche nach Verstehen.

Mit Hilfe der Kunsttherapie kann das Leugnen eines Dramas überwun-den werden. Der Anblick des Werks, das man sich Jahre später vielleicht innerlich vergegenwärtigt, ermöglicht eine neue Lesart der eigenen Erfah-rung. So lassen sich die Barrieren umgehen, die aufgetürmt werden muss-ten, um der Flut der Emotionen zu wehren. Diese Umgehungsstrategie funktioniert selbst dann, wenn diese Barrieren zu unbewussten Wider-ständen erstarrt sind und tiefe, vage und uneingestandene Verstörungen hinterlassen haben, die unversehens ins Leben übergreifen konnten.

Das Subjekt, das an der Gestaltung eines Objekts arbeitet, besetzt die-ses Objekt mit seinem Affekt. Im Zuge der an den Materialien vorgenom-menen Transformation lädt sich das geschaffene Objekt mit dynamischer Energie auf, die einen Wandel bewirken und so zu einer veränderten Wahrnehmung der inneren Realität beitragen kann.

Nach der Phase der schöpferischen Auseinandersetzung kommt die Zeit, die Erfahrung in Worte umzusetzen: Über das Geschaffene zu spre-chen erzeugt Distanz; diese Distanz wiederum ermöglicht es, die ineinander verwobenen Gefühle zu fassen und zu entflechten.

Kurz zusammengefasst: Vom Verstehen-Wollen bedrängt, findet sich der Intellekt der Trauernden nicht mehr zurecht (ein Suizid ist schwer zu begreifen!). Die Kunsttherapie hingegen aktiviert die andere Hirnhälfte – die Welt des Nonverbalen, Intuitiven und Subjektiven, der Beziehungen, des Ganzheitlichen und Zeitlosen – und schafft so dem Ausdruck des Unbewussten Raum. *Analogiebeziehung und Spiel laden zur Neugeburt (co-naissance) des Selbst ein. In dieser Neugeburt spielt das geschaffene Objekt die Rolle des Vermittlers jenseits des Bewusstseins.*

In ihrer Abfolge dienen die selbst geschaffenen Werke als Wegmarken im Trauerprozess und als Gedächtnisstützen. Mit dem allmählichen Los-lassen eröffnet sich die Möglichkeit einer Neuinterpretation des Erlebten.

Die schöpferische Tätigkeit in Gruppen mit Teilnehmenden, die das gleiche Schicksal erlitten haben, und die zwischen ihnen aufkeimende Solidarität sind wichtige Stützen und tragen zur Stärkung der Resilienz bei.

Wir betrachten die Kunsttherapie mithin als ein Instrument, das die bei jedem Trauerfall zwingend geforderte innere Veränderung begünstigt; als besonders angezeigt erweist sich dieses Instrument für die Trauerarbeit nach einem Suizid: Es ermöglicht eine Form der Transgression, die in einer ersten Phase die Loyalität gegenüber dem Schweigen des Toten nicht strapaziert.

Bibliographie

Anzieu, D.: La création comme processus de transformation, in: Revue Art et Thérapie 56/57, Dunod, Paris 1996
Klein, J.-P.: L'art-thérapie, PUF, Paris 1997

Ebo Aebischer-Crettol, Dr., war zuerst Biochemiker und studierte dann Theologie u.a. in Fribourg, wo er mit einer Dissertation über «Seelsorge und Suizid» abschloss. Er begleitete bis Ende 2002 ehrenamtlich den Dienst «Seelsorge mit Hinterbliebenen, die von einem Suizid betroffen wurden». Seit 1998 betreute er die Rubrik «Trauernde im Internet» auf der Website www.seelsorge.net und arbeitete in der Notfallseelsorge des Kantons Bern mit.

Dr. phil. Matthias Bopp ist Geograf und Epidemiologe. Er ist tätig als wissenschaftlicher Mitarbeiter am Institut für Sozial- und Präventivmedizin der Universität Zürich und dort Leiter für den Arbeitsbereich «Demografie, Todesursachen und Geography of Health».

Dolores Angela Castelli Dransart, cand. Dr. phil. der Universität Freiburg i. Ü., ist als Dozentin und Forscherin an der Haute Ecole fribourgeoise de Travail social tätig. Ihre Forschungsschwerpunkte im Bereich Suizid sind Prävention, Krisenintervention und Postvention. Im Weiteren befasst sie sich mit Fragen der Identität und mit den psycho-sozialen Auswirkungen von biographischen Brüchen auf das Individuum.

Friedhelm Matthias Grünewald ist Dozent an der CETheol Fakultät der Universität Bern und Leiter der Praktisch-theologischen Kurse (Vikariatsausbildung). Eigene Schwerpunkte sind: Gottesdienst und Rituale, sowie Kasualien (Taufe, Trauung, Bestattung).

Prof. Dr. med. Felix Gutzwiller, Präventivmediziner und Epidemiologe, ist Direktor am Institut für Sozial- und Präventivmedizin der Universität Zürich, Dr. med. (Universität Basel), MPH (Harvard University), Dr. Ph (Johns Hopkins University).

Pierre-André Michaud ist Chefarzt der multidisziplinären Einheit für Jugendliche im CHUV [Waadtländer Universitätsspital] in Lausanne. Er leitet daneben eine Forschungsgruppe an der Universität Lausanne der Abteilung Sozial- und Präventivmedizin, die sich mit der Gesundheit bei Jugendlichen befasst. Als Spezialist für Gesundheitsfragen bei Jugendlichen hat er verschiedene Artikel in diesem Themenbereich verfasst.

Konrad Michel, Prof. Dr. med., ist Facharzt für Psychiatrie und Psychotherapie, tätig u.a. als Oberarzt an der Universitätsklinik für Sozial- und Gemeindepsychiatrie in Bern. In der klinischen Forschung setzt er sich mit dem Suizid mit Schwerpunkt Prävention auseinander, speziell in der ärztlichen Praxis. Er ist Mitglied verschiedener internationaler Organisationen und Gründer einer internationalen Arbeitsgruppe zur Förderung der therapeutischen Beziehung mit dem suizidalen Patienten («the Aeschi working group»).

Pascal Mösli, ist Theologe und Supervisor, Kursorganisator in einem kirchlichen Bildungshaus und freischaffender Berater (Beratung & Projekte, Bern). Er ist seit einigen Jahren mit Publikationen, Referaten und der Leitung von Tagungen (darunter der Kongress «Suizid...?» vom Mai 2002 in Bern) im Gesundheitsbereich tätig.

Erwin Murer ist ordentlicher Professor für Arbeits- und Sozialversicherungsrecht an der Universität Freiburg/Schweiz.

Cosette Odier ist Pfarrerin und war in dieser Funktion in verschiedenen Pflegeeinrichtungen für ältere Menschen tätig. Zurzeit ist sie als Spitalpfarrerin am CHUV [Waadtländer Universitätsspital] in Lausanne tätig und dort als Supervisorin für die CPT-Ausbildung (clinical pastoral training) zuständig. Sie ist Mutter dreier erwachsener Kinder und seit 1997 verwitwet.

Maja Perret-Catipovic ist Psychologin und Psychotherapeutin FSP. Sie ist Leiterin des «Centre d'Etude et de Prévention du Suicide» des HUG [Genfer Universitätsspital] (Projekt *Children Action*).

Hans-Balz Peter, Prof. Dr., Wirtschaftswissenschafter und Sozialethiker, leitet seit 1983 das Institut für Sozialethik des Schweizerischen Evangelischen Kirchenbundes, seit 2002 zudem den Bereich Studien im SEK. Ehrenamtlich arbeitet er als Dozent (Honorarprofessor) für Sozialethik an der Christkatholischen und Evangelischen Fakultät der Universität Bern. Er hat zahlreiche Publikationen zu verschiedenen Themen praktischer Sozial-, Wirtschafts- und Entwicklungsethik veröffentlicht.

Hugues Poltier ist promovierter Philosoph mit den Spezialgebieten Moralphilosophie und politische Philosophie. Nach dem Aufbau des wissenschaftlichen Sekretariats des «Département interfacultaire d'éthique» der Universität Lausanne ist er zurzeit als Oberassistent am «Centre Lémanique d'éthique» tätig. Er ist Präsident des Vereins CAPS (Comité action prévention suicide).

Jacqueline Rutgers-Cardis ist psychologische Beraterin, ausgebildet in Transaktionsanalyse, Familien- und Körpertherapie. Sie ist Mitbegründerin von REGENBOGEN SCHWEIZ, Mitbegründerin und Mitglied von CAPS (comité action prévention suicide) und Präsidentin der Schweizerischen Gesellschaft für Krisenintervention und Suizidprophylaxe.

Hans Saner, Dr., lehrt seit 1979 Kulturphilosophie an der Hochschule für Musik in Basel, ist aber überwiegend als freischaffender Philosoph tätig. Schwerpunkte seiner philosophischen Tätigkeit sind historische Arbeiten zu Kant, Spinoza, Jaspers und Hannah Arendt, sowie systematische Essays zu anthropologischen, kulturkritischen und politischen Themen.